U0712434

让我们共同促进学生成长

高玉库 ／ 著

吉林文史出版社
JILIN WENSHI CHUBANSHE

图书在版编目（CIP）数据

让我们共同促进学生成长 / 高玉库著. —长春：
吉林文史出版社，2021.5
ISBN 978-7-5472-7758-4

Ⅰ.①让… Ⅱ.①高… Ⅲ.①学校教育—合作—家庭
教育—研究 Ⅳ.①G459

中国版本图书馆CIP数据核字（2021）第103270号

让我们共同促进学生成长
RANG WOMEN GONGTONG CUJIN XUESHENG CHENGZHANG

著　　者：高玉库
责任编辑：吕　莹
封面设计：言之凿
出版发行：吉林文史出版社有限责任公司
电　　话：0431-81629369
地　　址：长春市福祉大路5788号
邮　　编：130117
网　　址：www.jlws.com.cn
印　　刷：北京政采印刷服务有限公司
开　　本：170mm×240mm　1/16
印　　张：10.5
字　　数：189千字
版印次：2022年4月第1版　2022年4月第1次印刷
书　　号：ISBN 978-7-5472-7758-4
定　　价：45.00元

高玉库校长办学思想：

真实、扎实、朴实地办学校，从容、淡定、精细地做教育：

1. 营造"三实"育人环境。
2. 培养"三实"干部队伍。
3. 打造"三实"教师团队。
4. 深化"三实"教研教改。
5. 实施"三实"课堂教学。
6. 构建"三实"校本课程。
7. 开展"三实"德育活动。
8. 加强"三实"后勤服务。

高玉库校长办学方略：

绿色美校、科研兴校、文化雅校、名师强校

高玉库校长办学理念：

以尊重的教育培养受尊重的人。

高玉库校长办学风格：

心态要静一点，教育要慢一点儿

1. 静一点儿，慢一点儿，多给师生读书的时间和空间。
2. 静一点儿，慢一点儿，多给师生思考的时间和空间。
3. 静一点儿，慢一点儿，多给师生交流的时间和空间。
4. 静一点儿，慢一点儿，多给师生质疑的时间和空间。

5. 静一点儿，慢一点儿，多给师生实践的时间和空间。

6. 静一点儿，慢一点儿，多给师生创新的时间和空间。

高玉库校长管理理念：

不折腾，不作秀，不追风，不攀比，安安静静、扎扎实实地为师生的成长服务。

高玉库校长的学生观：

做人有品格，做事有品相，学习有品质，生活有品位。

高玉库校长的教师观：

教师要做学校里的"白骨精"。

白，清清白白做人，师德必须高尚；

骨，教学上的骨干，业务必须过硬；

精，职场里的精英，工作精益求精。

高玉库校长的办学追求：

一个弥漫尊重而又文雅氛围的校园，一所安静而有责任的学校，一间宁静而有思想的教室，一名心情平静而有价值追求的教师，一群能自由思想而又能踏实前行的学生。

序 言
PREFACE

共同为中华之崛起而培养人才

21世纪的前20年已经过去，在这20年中，我们明显地感觉到了新世纪的特征。21世纪是经济全球化、科学技术突飞猛进的世纪，是人与自然协调、可持续发展的世纪，但更是一个充满竞争、充满挑战的世纪。在这样一个崭新的世纪，如果不努力学习，不掌握过硬的本领，不提高自身的素质，就很可能被淘汰。有人认为，在21世纪有八种人将遭遇麻烦，成为"困难户"。第一种是知识陈旧的人，第二种是技能单一的人，第三种是情商低下的人，第四种是心理脆弱的人，第五种是目光短浅的人，第六种是反应迟钝的人，第七种是单打独斗的人，第八种是不善学习的人。学校，是从事教育的专门机构，当然负有培养人才的主要责任。然而，人才的培养，不单单是靠学校，人才的培养需要社会、学校、家庭、学生本人等多方面的配合。

深圳市第二高级中学高玉库校长，便是从家校合作和师生合作的角度来思考人才培养问题的。他在百忙之中抽出时间，撰写了《让我们共同促进学生成长》一书，该书共分为"满园春色关不住""化作春泥更护花""可怜天下父母心""少年心事当拿云"四个部分，从学校、教师、家长、学生四个方面阐释了要培养人才、为谁培养人才、培养怎样的人才、怎样培养人才以及各方如何协调配合培养人才等方面的问题。

高玉库校长尤其重视家校合作、师生合作。他说，要想孩子健康成长，学校、教师、家庭和学生本人要同念一本"经"，要往同一个方向给力。

高校长为了将问题阐释得清楚明白，经常引经据典，使用比喻。例如，他引用克雷洛夫写的《天鹅、梭鱼和大虾》的寓言，将家校合作阐释得形象生动、深入浅出。寓言中说，天鹅、梭鱼和大虾要把一车货物拉走，可是，它们用尽全力，那辆并不重的车子动也不动，原来，它们给力方向不一致。天鹅要向天空，大虾直往后拉，而梭鱼呢？偏要到水中。

读了高校长的这本书，我觉得高玉库校长既有实的一面，又有不实的一面。实的一面，体现在他提出了"三实"（真实、扎实、朴实）的教育思想，践行尊重理念，有严谨的逻辑思维，不愧为数学特级教师；不实的一面，体现在他文笔流畅、引经据典、天马行空，有浪漫因子，有文科思维，不愧为书生校长。

这真是一本既有科学精神，又具人文情怀的值得好好研读、好好欣赏的好书。

高玉库校长认为，为了培养创造型人才，为了祖国的强盛，学校、教师、家长、学生必须携起手来，必须构建和谐的家校关系、师生关系，实行家校合作教学、师生合作教学。

让我们携起手来，共同为中华之崛起而培养人才。是为序。

何泗忠

2020年10月3日于深圳桃源村可人书屋

目 录
CONTENTS

第一篇

满园春色关不住——学校要营造良好的育人环境

以尊重的教育培养受尊重的人 ················· 2

"三实"教育带来学校新气象 ················· 16

学校要有一种自由宽松的人文环境 ················· 39

学校要有一种美的自然生态环境 ················· 42

传统文化视野下的深圳二高办学理念 ················· 44

走尊重型教育道路　建国家级示范高中 ················· 48

慢，是为了追求高质量的快 ················· 61

"三实"教育科研　助推学校发展 ················· 79

教师和领导要转变观念 ················· 97

匆匆十年　心中有您 ················· 101

第二篇

化作春泥更护花——教师要做人类灵魂的工程师

做一个淡泊名利的教师 ················· 108

教师要尊重学生的个性 ················· 110

创设问题情境　激发学生好奇心 ················· 112

德育的智慧 ················· 114

立足新舞台　展现新精彩 ················· 124

第三篇

可怜天下父母心——家长要做孩子成长的守护神

我们的目标是一致的 ··· 128

每个家长心目中，都要有一种家教观念 ············· 131

做一个文化型父母 ··· 134

做孩子与老师的桥梁 ··· 136

第四篇

少年心事当拿云——命运掌握在学生自己的手中

做一个专注的听课者 ··· 140

要有问题意识，要有大胆怀疑精神 ····················· 142

百年风云歌盛世　一管狼毫写春风 ····················· 144

放出阳光万丈开 ··· 147

芳华未央　梦想启航 ··· 151

殷勤进取功无缺 ··· 154

满园春色关不住

——学校要营造良好的育人环境

> 在英国出生的便是英国人，在塞浦路斯出生的便是塞
> 浦路斯人；在东方出生的是东方人，在西方出生的是西
> 方人；近水则知鱼性，近山则识鸟音。
>
> ——王东华《发现母亲》

以尊重的教育培养受尊重的人

一、读一则故事萌生出一个念头

我曾经在一本书上看过一则《自卑的女佣和她儿子》的故事：

有一天，主人家举行晚宴，女佣要工作到很晚，她只好将四岁的儿子带到主人家。她很自卑，怕儿子知道自己是一个用人，于是把儿子藏在卫生间里，并告诉他，他将在这里享用晚宴。

男孩在贫困中长大，从没见过这么豪华的房子，更没有见过卫生间。他不认识抽水马桶，不认识漂亮的大理石洗漱台。他闻着洗涤液和香皂的香气，幸福得不能自拔。他坐在地上，将盘子放在马桶盖上，盯着盘子里的香肠和面包，为自己唱起快乐的歌。

晚宴开始的时候，主人看女佣躲闪的目光就猜到了一切。主人想起女佣的儿子。他在房子里静静地寻找，终于，顺着歌声找到了卫生间里的男孩。那时男孩正将一块香肠放进嘴里。

他愣住了，问："你躲在这里干什么？"

"我是来这里参加晚宴的，现在我正在吃晚餐。"

"你知道你是在什么地方吗？"

"我当然知道，这是主人单独为我准备的房间。"

"是你妈妈这样告诉你的吧？"

"是的，其实不用妈妈说我也知道，晚宴的主人一定会为我准备最好的房间，"男孩指了指盘子里的香肠，"不过，我希望能有个人陪我吃这些东西。"

　　主人默默走回餐桌前，对所有的客人说："对不起，今天我不能陪你们共进晚餐了，我得陪一位特殊的客人。"然后，他从餐桌上端走了两个盘子。

　　他来到卫生间的门口，礼貌地敲门。得到男孩的允许后，他推开门，把两个盘子放到马桶盖上。他说："这么好的房间，我们一起共进晚餐。"

　　那天他和男孩聊了很多。他让男孩坚信，卫生间是整栋房子里最好的房间。他们在卫生间里吃了很多东西，唱了很多歌。不断有客人敲门进来，他们向主人和男孩问好，他们递给男孩美味的苹果汁和烤得金黄的美食。他们露出夸张和羡慕的表情，后来他们干脆一起挤到小小的卫生间里，给男孩唱起了歌。每个人都很认真，没有一个人认为这是一场闹剧。

　　多年后男孩长大了。他有了自己的公司，有了带两个卫生间的房子。他步入上流社会，成为富人。每年他都拿出很大一笔钱救助一些穷人，可是他从不举行捐赠仪式，更不让那些穷人知道他的名字。有朋友问及理由，他说："我始终记得许多年前，有一天，有一位富人，有很多人，他们小心翼翼地保护了一个四岁男孩的自尊。"

　　第一次看到这个故事，我感动了。第二次看到这个故事，我落泪了。陶行知有一首《小孩不小歌》的诗：

　　人人都说小孩小，谁知人小心不小；你若小看小孩子，便比小孩还要小。

　　故事中的富翁没有小看小孩。他没有嫌贫爱富，而是特别关爱女佣的小孩；他没有冷嘲热讽，而是悉心呵护女佣的小孩；他没有居高临下，而是平等对待女佣的小孩；他没有虚情假意，而是由衷地保护女佣的小孩。我为这位富翁和他的客人们对小孩的尊重而流泪。我们是从事教育工作的，我们专门与小孩打交道，我们能像这位富翁对小孩一样尊重我们的学生吗？人与人之间的尊重多么重要，尊重是一朵花，一朵开在心间的花；尊重是一条路，一条通往美好的路；尊重是一团火，一团温暖你我的火。而教育者对学生的尊重更加重要，因为学生是社会的未来和希望。

　　但是，面对今天的现实，我们不得不承认，我们中的绝大多数教师还不习惯将学生看成朋友，并给予学生必要的尊重。教师不应该以知识的占有者和代言人，以道德的化身和道德规范的训诫者，以社会要求的代表，代表祖国，代表社会，代表人民，甚至代表家庭，理直气壮地对学生发号施令、品头论足，堂而皇之地"教训""教导""教诲"学生。我常想，中国师道尊严的传统赋予了我们太大的权力，以致我们常常忘记了学生是一个活生生的有血、有肉、有个性、有自己人格尊严的人。

教育家爱默森说："教育成功的秘密在于尊重学生。"学校承载着学生生命成长的重托，无论他美与丑，无论他富与贫，在学校空间、在生命面前，每个学生都平等，每个学生都需要被尊重。我想，作为今天的教师，在把教科书中的知识教给学生的同时，千万不要忘记将自由、民主、平等、尊重的理念传递给学生。如今，我是深圳市第二高级中学（简称"深圳二高"）的第二任校长，这所学校的首任校长邓世平先生确立了"以尊重的教育培养受尊重的人"的办学理念，作为一校之长，我萌生了一个念头，我有责任贯彻落实这种尊重理念。

二、构建体系，让尊重理念辐射整个校园

走进深圳市第二高级中学，穿行在校园的文化长廊中，流连于楼前楼后的宣传栏前，人们就会发现，有一句话出现的频率最高："以尊重的教育培养受尊重的人。"然而，多么高屋建瓴的理念如果仅止步于理论终究只是无意义的空谈。"以尊重的教育培养受尊重的人"，谁都可以说，谁都会说，但恰如其分地将其落到实处，才是这个指向性明确的教育理念的关键所在。一个学校的决策者的高明之处不仅在于他能提炼出精辟的办学理念，更在于能将这个理念具体化、课程化、行为化，让尊重理念辐射整个校园，使这个理念深深根植在校园的一花一木、一墙一瓦之中，潜移默化地影响校园中的每一个孩子。于是，我将"以尊重的教育培养受尊重的人"具体化为目标体系。首先，确立"以尊重的教育培养受尊重的人"具体内涵：尊重教育规律，尊重生命成长规律，尊重学生的人格及发展差异，使学生在尊重的教育中学会尊重，在尊重自我、尊重他人、尊重社会、尊重自然的同时，成长为受社会尊重的现代公民。接着，在这个总的内涵之下，从不同层面为尊重教育的实践方向提出了三个目标。

目标之一是将尊重的理念落实在教学过程中，集中体现在有效教学上。有效教学是指突出强调教学效益的教学模式。所谓"有效"，主要是指通过教师的教学，学生获得最大的进步或发展。教学效益不能以教师教得好坏来衡量，而应以学生有无进步或发展作为衡量的唯一指标。学生的学习状态，在学习中获得的能力的提高、自信心的树立、综合能力的发展等是衡量教学效益的重要指标。因此，有效教学追求的就是让优秀学生出色发展，让中等学生超常发展，让学习困难学生自信发展。

目标之二是将尊重的理念落实在德育和学生管理中，体现在努力提高学生自主管理水平上。自主管理是指教育者在教育活动中，把学生当成生活的主人，充分相信学生、尊重学生，突出学生的主体地位，让学生自己组织实施各种活动，自主参与德育实践，自觉参与学校管理，实现学生品德的自我教育、自我管理、自我提高、自我完善，体现以人为本的主体性理论，通过构建学校德育自主管理体系，促使他们形成自主教育能力和自我发展素质。

目标之三是将尊重的理念落实在学校后勤管理中，体现在后勤社会化管理的高水平上。社会化管理是指在校园中把教学和教育管理以外的后勤管理功能剥离出来交给正规、专业的公司去经营管理。例如，改变大后勤或者大总务处的建制，把学校食堂、清洁卫生、物业管理、水电、消防设施的维修和管理等职能交给专业公司经营管理，通过承包合同的方式划分学校和经营管理者的权利与义务，明确各后勤管理公司的职责，其主旨是切实提高校园服务质量，实现对师生生活利益的最大尊重。

三、创设条件，让尊重理念在校园生根

要让"以尊重的教育培养受尊重的人"的办学理念在校园生根、开花、结果，就必须创设适宜尊重教育的环境。具体说来，我们为尊重教育创设了如下条件。

1. 营造一种自由宽松的人文环境

环境对人的影响很大，就好像我们吃的泡菜，泡菜水的味道决定了泡出来的萝卜、白菜的味道。一个学校的人文环境就好像泡菜水，对学生的影响是

潜移默化的。丰富、和谐、疏朗、博大、自由、宽松的人文环境，有利于实施尊重的办学理念。然而，作为一个从事几十年基础教育的教育工作者，我走访了不少学校，有许多学校给人的感觉是压抑的。学生生活在校园中，不敢多说一句话，不敢多走一步路，根本谈不上尊重教育。基于这样的认识，我校自创办伊始就提出了阳光、进取、平实、包容的学校精神，将校园环境作为隐形尊重教育的重要环节，不断净化、绿化、美化校园，让学校的每一面墙壁都隐含尊重的理念，每一棵花草都蕴含尊重的氛围。学校以校园壁画和雕塑、校园文化景观、名言警句、墙报专栏、校园电视台、校园广播站、校内刊物、校内报纸、学术讲座、专题报告、读书节、科技节、艺术节、体育节、演讲朗诵比赛、话剧表演等校园文化景物和活动，创设文化生态环境，让尊重的氛围充溢整个校园，使整个校园成为实施尊重教育的巨大磁场和辐射源。

2. 减少班额，实行小班化教学

小班化教学是一种优质教学，十分有利于尊重理念的实施；大班化教学，影响教师对学生的关照度，影响学生参与课堂活动的机会和程度，影响学生获得个别指导的机会，影响师生的情感交流。我们学校实行小班化教学，每班学生不超过40人，有的甚至只有二十几人。从教师方面来说，小班化教学减轻了教学和批改作业的负担，有更多的时间备课，有更多的时间个别辅导，有更多的时间与学生交流感情；从学生方面来说，小班化教学使学生有更多的机会处于教学的中心地位，有更多的机会参与教育教学活动。一句话，小班化教学有利于形成和谐的师生关系，有利于形成尊重的教育教学氛围，小班化教学是实施尊重办学理念的重要前提。

3. 抓紧研究开发校本课程

长期以来，各地一直采用国家统一的课程设置，全国中小学基本上沿用一个教学计划、一套教学大纲和一套教材，形成了"校校同课程、师师同教案、生生同书本"的缺乏灵活性和多样性的大一统的教学局面。这种大一统的教学局面往往不能关照各地的差异性，不能满足学生多层面的需要，显然十分不利于构建和谐的师生关系，不利于落实尊重的办学理念。基于这样的认识，学校出台了《校本课程开发研究规划》，鼓励教师积极开发校本课程，用校本课程调动学生的学习积极性和主动性，培养学生的自主与创新精神，满足学生多层面的需要，以期更好地实施尊重教育。

4. 转变教师观念

尊重的教育是一种有别于传统教育教学的崭新教育教学形式，要落实"以尊重的教育培养受尊重的人"的办学理念，教育工作者就必须要打破传统教育思维，树立新的教育教学观念。

我们要求教师树立民主平等的师生观。"以尊重的教育培养受尊重的人"的办学理念，强调的是学生积极主动地参与教育教学，确立学生在教学中的主体地位，而学生主体地位的实现依赖民主平等的师生观。但是，长期以来，个别教师有意忽视民主、平等、尊重这些理念，觉得体罚学生、训斥学生是天经地义，课上教师习惯于只有自己讲的权力，没有学生问的权力。为了实施尊重教育，我们要求教师树立民主平等的师生观。

我们要求教师树立正确的人才观。在许多教师眼里，"人才"与"学习好"几乎已经画上了等号。韩愈说："闻道有先后，术业有专攻。"有的人不善于学习数理化知识，但善于学习音乐、绘画、体育、社交、机械制造等知识，并在这些领域中取得了突出的成绩，这应该是人才。有的人不擅长"博"而擅长"专"，如苏步青、马寅初、三毛、陈景润等，他们也应该是人才。社会需要的人才是多方面的，"三百六十行，行行出状元"。因此，作为21世纪的教师应当树立科学的人才观，不能片面地把人才与"学习好""高分"等同起来。为了实施尊重教育，我们要求教师树立正确的人才观。

四、实践理念，让校园结出尊重之果

经过近几年"尊重教育"的实践，我们真切又深刻地体会到了"以尊重的教育培养受尊重的人"的办学理念，可以凝聚学校精神，可以发挥潜力、彰显个性、增强内动力，可以使整个学校不断创出特色，创出业绩，形成核心竞争力，我们切切实实实践"尊重教育"理念，使校园开满了"尊重"之花，结出了"尊重"之果。下面采撷一些尊重之果与大家共享。

成果之一：开门办学，学生积极参加社会实践活动

"先生是教死书，死教书，教书死；学生是读死书，死读书，读书死。"陶行知先生指出的这种教育弊端，这种现象至今仍存在着。然而，深圳二高却不是这样。深圳二高的学生，他们积极参加社会实践活动，有些实践活动在深圳、广东乃至全国都引起巨大反响，如"我为两会征提案""让大运更精彩，让深圳更美好——'金点子'献大运寒假社会实践活动"引起20多家媒体的报道。"中学生建言大运会城市未来的主人翁"，这是深圳《晶报》社论的标题，报道的是我校学生关注、参与深圳大运会的情况。2011年，第26届世界大学生运动会在深圳举行，为协助政府办好这次大运会，我校2000多名学生利用寒假走访了近3万市民，为大运会建言献策，拿出了610份建议提交给大运会执行局参考。他们设计的创意方案不乏奇思妙想，涵盖开幕式、门票设计及价格、城市交通管理、运动员服务、大运会后场馆使用等各个方面。其中高二（16）班的几名学生提出用"深圳声音"声控点火，"火炬塔内采用声控装置，只有当全场观众的欢呼达到一定分贝时，火焰才会上升点火"这一创意可谓神来之思，得到大运会组委会高度赞誉，这是我校实施自主管理，在教育活动中，把学生当成生活的主人，充分相信学生、尊重学生，突出学生的主体地位，让学生自己组织实施各种活动的"尊重"理念结出的丰硕成果。

成果之二：尊重学生差异，构建多元课程体系，使学生成了学习的真正的主人

21世纪需要培养全面发展的人才，实施"尊重的教育"关键在于正确发挥个人主体性，尊重学习主体需求，尊重教育对象需求，使教育活动忠实于教育本身的内涵，根据不同的个体施以不同的教育，使他们的潜能得到充分发挥。为落实这一教育理念，学校成立了文学社、合唱团、环保社、戏剧社、管弦乐队、篮球队、书法、舞蹈、播音、机器人、电脑制作、化学、地理、物理、红十字会、历史影视、小记者等80多个学生社团，其中有近20个是学生自发组织的。丰富多彩的社团活动，深受学生喜爱，所有学生参加了各种社团活动。学校将所有社团纳入正式课程管理，提供专门活动场所和设备，每周三课外时间开展活动，严格考勤，计算学分。"能在这样拥有开放视野的学校学习，是孩子最大的幸运。"一位家长观看了孩子参演的话剧后表示，"学校让孩子的兴趣得到了尊重，增强了自信与学习动力，孩子也更快乐了"。许多学生发展自己的兴趣，做出了不少创造发明。邱键庭同学发明的"短周期数字地震计"在第24届广东省青少年科技创新大赛中荣获一等奖和专利申请奖，并代表广东省参加全国青少年科技创新大赛，又荣获全国二等奖、茅以升科学技术奖和先导科技创新奖，2010年参加"2010英特尔国际科学与工程大奖赛（IntelISEF 2010）"，获勘探地球物理家学会单项大奖。

在2010年第九届深圳市青少年机器人大赛中，我校机器人社团成员组成的代表队全面超过了老牌兄弟学校，共获得两个一等奖、一个二等奖、一个三等奖和最佳创意奖。

处于创客之都的深圳，深圳二高将科创教育与城市定位相结合，从"真实、扎实、朴实"的"三实"教育理念出发，提出"人人是创客"的培养目标。学校积极开展跨学科融合，构建创客教育与STEAM教育课程体系化，以真实的基础课程、扎实的个性课程、朴实的自我发展课程形成三层培养机制，实现"普及+精英"的科技人才培养体系。经过8年认真、扎实的探索，深圳二高的创客教育从无到有、从弱到强，现已逐步形成了科技创新人才培养的有效途径，不仅在全国普通高中率先实现了创客教育普及化，更为深圳教育探索先行示范模式，走出了一条独具特色之路。

在"智育未来"2019深圳科技创新教育大会上，由科学家、教育家、企业家三方专家组成的评审团，历经2个多月的评选，最终评出深圳"十大科技创新教育示范学校"，深圳市第二高级中学获此殊荣。作为创客之都，深圳的科创教育如何与深圳城市定位相匹配，如何更好地先行示范，是越来越多深圳教育人共同思考的问题。

早在2012年，我校就开始探索如何让创客文化走进校园，深圳二高是全国较早开展创客教育的学校之一。学校拥有广东省最大的创客空间——超过600平方米的全功能创客空间，可为学生提供全方位的创客项目孵化课程。这些年来，我校的创客教育享誉全国，优秀的创客学生和教师层出不穷，吸引了国内外3万多人次前来学习创客教育。深圳二高创客中心已然成为中国创客教育的布道者。

小创客孙泽宇凭借"云伴母婴健康管理系统"创客项目夺得全国青年创业大赛一等奖，一举获得1000万元天使投资。他们都是创客教育与STEAM教育课程体系化建设的受益者。深圳二高始终坚持"真实、扎实、朴实"的教育理念，落实"人人是创客"的培养目标，同时根据《中国学生发展核心素养》中的要求，结合学校实际，培养有责任、有担当的实践创新人才，在国内率先实现了创客教育普及化。

在"五个一"培养计划中，以真实的基础课程、扎实的个性课程、朴实的自我发展形成三层培养机制与课程，实现"普及+精英"的科技创新人才培养体系。尤其值得一提的是，深圳二高率先完善了跨学科课程体系，从创新点子生成、结构外观设计、开源软硬件应用、语言表达四个方面开展，开发校本课程，结合新课标，将信息技术、通用技术、学科核心素养全面融合形成跨学科课程，推进跨学科课程的全面实施。

具体来说，学生从进入深圳二高开始，三年内将经历普及发展、精英发展、拔尖发展的创新人才培养过程。每一位学生都将获得设计思维与计算思维能力的训练，学校开设设计思维、计算思维、编程、创意设计、数字制造等课程，结合真实情境与日常生活，让每名学生都能感受到创客文化与创客精神。

同时学校以社团及选修课的方式，对表现突出的百名优秀学生进行有针对性的培养，开展包括人工智能、开源硬件、机器人、数字制造等课程，为高校培养新工科提供优秀人才种子。创客中心定期邀请科技界的创客达人和优秀创客项目负责人举行沙龙讲座，分享开发的过程，让开源的精神融入校园创客活动中。

深圳二高创客课程系统性、稳定性的特点，还体现在扎实的个性课程上。学校开设多个方向的选修课程，分层教学，多样化、个性化培育精英人才，并举办创客马拉松活动，这激发了学生的潜能。学校创客中心通过10人培养计划发现拔尖人才，引进创客达人、科研专家、高新技术企业、高校共同培养计划为学生成果提供产品孵化机制。即便学生毕业离开学校，学校也持续关注学生发展，为学生提供创客支持与服务，在可预期的未来使其成长为杰出优秀企业代表、行业或科研方面的杰出人才。

这是我校落实"尊重生命成长规律，尊重学生的人格及发展差异"取得的丰硕成果。

成果之三：尊重学生身心成长规律，推进学校阳光体育运动

学校积极推进阳光体育活动的开展，培育"崇尚体育，热爱运动"的风气。学校要求学生每天锻炼一小时，每人参加一个体育社团，每人都有一项体育爱好或特长。学校每天安排了三段体育活动时间：晨跑、上午30分钟大课间、下午40分钟健体活动，组织学生开展长跑、广播操、踢毽子、花样跳绳、武术、三大球体育比赛等体育活动。

学校坚持保质保量上好每周两节的体育必修课，体育课采取分项教学的方法，提供足球、男篮、女篮、排球、羽毛球、田径、乒乓球、形体、武术、游泳等课程供不同爱好的学生选择。针对青春期学生喜欢变化的心态，课间操让学生定期轮换做武术操、绳操、广播操，提高学生对体育运动的兴趣。

学校成立了多个体育社团，不断取得优异成绩。虹飞花样跳绳队队长古银友同学一分钟能跳240多个，在亚洲第五届跳绳锦标赛中获得大奖。游泳队在全国、省、市比赛中共获得两面金牌、五面银牌、两面铜牌。航模队在全国比赛中获得两个一等奖，在全市比赛中获得一个团体第一名和一项个人冠军。田径队在2009年获得市直属学校团体第一名和两项个人冠军。艺术体操队获得全市中学生比赛两项冠军。二高击剑队、排球队、篮球队也取得了多项全市前六名以上的成绩。

在阳光体育活动的推动下，学生健康达标情况一年比一年好，2010年达标率96.5%，比创办之初高出2个百分点。2008年学校被评为深圳市首批"阳光体育活动先进学校"，并被吸收加入中国中学生体育协会田径分会。2009年学校被评为"深圳市中小学广播操标兵学校"，是市直属学校中获得这个称号的唯一高中学校。这是我校尊重学生身心成长规律，推进学校阳光体育运动结下的硕果。

成果之四：注重心理辅导，使学生成为阳光、进取、平实、包容的二高人

心理健康将影响一个人的个性形成，而性格又能决定一个人的命运，所

以，二高非常重视学生的心理健康教育。学校积极探索心理健康教育的新模式，心理健康教育进课堂，建立心理咨询室"蓝色小屋"，开展心理咨询和专题讲座，建立由心理教师、心理协会、各班心灵使者、班主任、科任教师、女生委员会组成的心理健康网络体系，及时疏导化解学生心理问题。积极开展心理测试工作，对有异常心理现象的学生给予个别关注或辅导，促使学生成为阳光、进取、平实、包容的二高人。如今，学校被中国教育学会和中国科学院心理研究所命名为"全国心理教育百校工程科研基地"。这是我校落实尊重学生的个性差异的办学理念结成的硕果。

成果之五：以学生为主体，实现有效教学

贯彻落实"以尊重的教育培养受尊重的人"办学理念，不单是简单地搞一些活动，更重要的是要把尊重的理念融入课堂教学之中。

二高大力推行"课堂三动、四个意识、五个环节"原则，即教师要在课堂上推动学生手动、脑动、口动，建立尊重学生主体性的意识、关注学生状态的意识、整体设计意识、联系生活实际的意识，狠抓有效预习、有效设问、有效互动、有效反馈、有效作业五个环节。各科组根据学校有效教学的课堂理念，结合本学科特点，摸索出了学科课堂理念：数学科组摸索出"一课三备"的方法。生物课堂上，教师发动学生用橡皮泥、易拉罐、毛线、鸡蛋等来制作染色体模型、细胞器模型，开展DIY制作、动物解剖、制作泡菜等活动。语文学科组践行"语文悬念教学法"理念，针对不同的教学内容，选择不同的教学形式，将讨论、情景表演、人物访谈等都搬进课堂，深受学生喜爱。学生还在音乐课上展示自己改编创作的歌曲，在美术课上完成自己的服装设计、园林设计、室内设计、标识设计等。课程改革强调的"以学生为本""教是为了不教"的理念落实到了具体的课堂教学中，学生善于发现、乐于研究、勤于动手、敢于表述的良好习惯也逐渐形成。各学科开展了《新课改理念下课堂设问情境创设的策略》《有效课堂之课前预习》《作业的有效性》等98个课题的研究。其中《政治教学组织形式的探索与实践》入选中国教育学会课题。有效教学、活力课堂，尤其是最近几年的三实课堂理念，激发了学生的学习热情，学校走上了一条轻负高效的快车道，教学质量稳步提高。从2010年的首届毕业生在高考中精彩亮相，重点本科率16.8%，到2020年的重点本科率73%，实现了"低进高出，中进优出"，这些都充分体现了二高教师超强的"加工能力"，展现出二高有效教学和活力课堂的实效。这是我校将尊重的理念落实在教学过程中，让优秀学生出色发展、让中等学生超常发展、让学习困难学生自信发展结出的硕果。

成果之六：润物细无声，利用环境实施尊重教育

学校无闲处，处处熏陶人。正如美国教育家布莱森所说："任何一所学校的环境都在默默地对孩子们发表演说，而且孩子们的确会注意它，在不知不觉中接受熏陶和影响。"学校环境不仅是学生生活的空间，也是培养学生尊重意识的重要载体。

我校是2007年才创办的一所学校，创办之初，学校依据现有实际条件对校园环境进行了精心设计，力求使一草一木、一墙一板都能说话，从而起到教育人、启迪人的作用。

当你走进如今的二高，迎接你的是以学生为主体，以尊重为主题的文化长廊。"学生风采""学生摄影作品展""学生书法作品展""学生社团活动成果展"等栏目，无不在向学生诉说着：学会尊重，你就是最值得尊重的人。

走进教学楼走廊，你就会看到墙壁上挂着学生的绘画作品，这些作品与世界名画交相辉映，让学生感受到创作的快乐，感受到学校对他们劳动成果的尊重，使学生倍感骄傲与自豪。

走进每间教室，独具个性、含义隽永的班风不断激励着学生："体验尊重的幸福，享受学习的快乐""我自信，我成功"……各班墙报中开辟的尊重专栏，内容丰富，设计新颖，如"心灵导航"，关注学生心理健康，帮助学生解答人际交往中的困惑；"教你一招"指导学生如何尊重他人：守时也是一种尊重，和人约好聚会，就应当准时赴约……

走进学校每个卫生间，也能看到一句句感人至深的名言警句，如同一位位德高望重的长者与学生谈心："人受到震动有种种不同，有的是在脊椎骨上；有的是在神经上；有的是在道德感受上；而最强烈的、最持久的则是在个人尊严上。""每一个正直的人都应该维护自己的尊严。""对别人的意见要表示尊重。千万别说'你错了'。""施与人，但不要使对方有受施的感觉。帮助人，但给予对方最高的尊重。这是助人的艺术，也是仁爱的情操。""己所不欲，勿施于人。""尊重他人就是尊重自己。""别抱怨别人不尊重你，要先问问自己是否尊重别人。""要学会尊重他人，他人才会尊重你，一切从我做起"。全方位、立体式的环境文化，处处体现着平等与尊重，学生时时刻刻在这样的文化氛围中思考、感悟，净化了心灵，完善了自我。如今的二高，已被中国教育科学研究所确定为"全国特色高中实验学校"，被广东省教育厅确立为"广东省德育重点课题实验学校"。

总之，实施尊重教育结下的硕果，数不胜数，这里不一一赘述。

由于我们实施以尊重的教育培养受尊重的人结出了丰硕之果，因而，二高也赢得了家长和社会的尊重与赞誉。

每一年，数千名家长给学校无记名打分，满意率接近100%，而3000名学生给老师打分，满意率达90%以上。

五、顺应潮流，永远前行在尊重的路上

记得曾有一位哲人说："尊重是教育的最高原则，没有尊重就不可能实现真正的教育。"我们提出并在实践着的"以尊重的教育培养受尊重的人"的办学理念，顺应了潮流。

"以尊重的教育培养受尊重的人"的办学理念，顺应了时代发展的潮流。实现社会和谐，建设美好社会，始终是人类孜孜以求的社会理想。社会主义核心价值观，其中有一个关键词就是"和谐"。我们所要建设的社会主义和谐社会，应该是民主法治、公平正义、诚信友爱、充满活力、安定有序、人与自然和谐相处的社会。社会主义和谐社会所倡导的丰富内涵，最终都需要通过人自身的和谐来实现。而和谐的人是通过教育培养的，要想构建和谐社会，就必须实施和谐教育。而和谐教育的关键就是践行尊重的教育。如果说有什么样的教育就有什么样的社会，那么尊重的教育理念一旦成为广大教育者的共识，就会为创造一个人与人、人与自然更加和谐的新世纪做出贡献。

"以尊重的教育培养受尊重的人"的办学理念，顺应了教育发展的潮流。

尊重的教育，作为一种教育思想，从中国2000年前的孔夫子到近代陶行知、陈鹤琴，从国外社会学家卢梭到心理学家罗森塔尔，再到教育家苏霍姆林斯基，在他们的论著中都有涉及。1989年联合国大会通过的《儿童权利公约》将"尊重儿童"作为四大原则中的一项，《中华人民共和国未成年人保护法》第四条规定：要"尊重未成年人的人格尊严"。大力提倡尊重教育，从一个方面说明了现行教育的缺失。如果总结近年来基础教育的弊端，其中最主要的是缺乏对学生的尊重。可见，尊重教育是顺应世界教育和国内教育改革的总趋势而涌现的富有活力的、具有创新意识的教育新理念。

我们用了13年的时间思考、实践"以尊重的教育培养受尊重的人"的办学理念，已经取得了初步成果。由此也更加坚定了我们继续倡导尊重教育的决心。我坚信：深圳市第二高级中学会因倡导"以尊重的教育培养受尊重的人"的办学理念而和谐发展；深圳市第二高级中学的教师会因遵循"以尊重的教育培养受尊重的人"的办学理念而积极提升；深圳市第二高级中学的学生会因享受"以尊重的教育培养受尊重的人"的办学理念而健康成长。

我们要培养有知识、有文化、昂首屹立于世界东方的现代公民，我们顺应潮流，将永远前行在尊重的路上。

"三实"教育带来学校新气象

　　深圳市第二高级中学成立于2007年4月，是一所寄宿制公办高中。学校成立之初，提出了"以尊重的教育培养受尊重的人"的办学理念。确立了"阳光、进取、平实、包容"的二高校训。

　　最近，学校又根据《中国学生发展核心素养》提出的"核心素养要素"，结合二高实际，提出了"君子风范、家国情怀、身心和谐、健行美善"的育人目标。

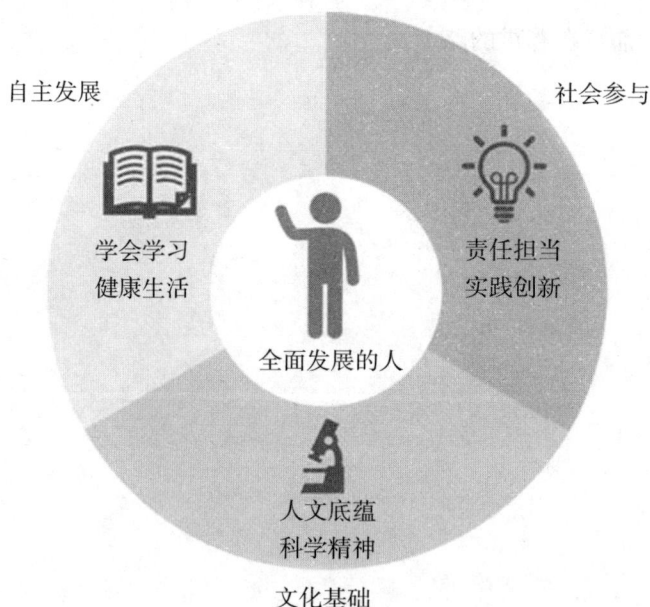

中国学生发展核心素养体系

这些口号的提出，无疑是好的，然而，纵观当今教育现状，有许多好的教育计划、教育理念，常常在教育理论上被"合理"地论述多，而在实际教学实践中被"合理"地实践少。我认为，造成这种结果的原因很多，但一个重要的原因是这些好的理念在实际操作中，没有规范，缺乏一个衡量的标准。任何事情都要做细做精。说了，不等于做了；做了，不等于做好了；做好了，不等于做细了；做细了，不等于做精了。为避免"以尊重的教育培养受尊重的人"的办学理念只停留在口头上，保证这个理念在学校教育教学实践中落实、渗透，2016年，我们提出了"三实"教育理念。"三实"，即真实、扎实、朴实。所谓真实，就是指与客观事实相符，不假；所谓扎实，是指踏踏实实，一步一个脚印，不虚；所谓朴实，就是指质朴实在，不花言巧语，不装。如今，走进深圳市第二高级中学，穿行在校园的文化长廊中，流连于楼前楼后的宣传栏前，人们就会发现，有两句话出现频率最高："以尊重的教育培养受尊重的人""践行三实教育理念"。前者是行动目标，后者是行动措施。多么高屋建瓴的理念如果仅止步于理论或口号终究只是无意义的空谈。尊重，谁都可以说，谁都会说，将其贯穿教育教学和学校管理的全过程，才是办学的关键所在。一个学校的决策团队的高明之处不仅在于能提炼出先进的教育理念，更在于能将这个理念落实到行动中，融入师生的灵魂中。我们怎么做？我们就是用"三实"教育理念去落实尊重教育，可以说，"三实"教育是尊重理念的具体化、课程化、行为化。如今，"三实"教育辐射整个校园，深深根植于校园的一花一木、一墙一瓦之中，潜移默化地影响校园中的每一个教师和每一个孩子。我们将"三实"具体化为实施的"八个纬度"，从不同层面去推进"三实"教育，最终落实尊重理念，落实核心素养。

一、营造"三实"育人环境

我在经营一所学校，班主任在经营一个班级，回到家里，我们在经营一个家庭。我们实际上是在经营一个环境、一个氛围，这两者是相互的关系，好的环境会带来好的氛围，氛围不好，环境可以拯救，环境不好，有好的氛围也可能弥补，但总会有缺陷。我们说的校园文化，也是一种环境、一种氛围。

"蓬生麻中，不挟而直；白沙在涅，与之俱黑。"校园是有生命的，校园的自然环境和人文环境，对孩子的影响是潜移默化的。校园环境不同于其他文化性、商业性环境，它承载着人文历史的传承，是学生接受知识的场所，典雅、庄重、朴素、自然应该是其本质特征。因此，我们要求学校的校园环境布局也要做到真实、扎实、朴实。做到将学校的地理环境同人文环境相结合，即真实；做到将景观文化内涵同学校文化内涵相结合，即扎实；做到不到处张贴标语口号，不哗众取宠，而是随风潜入夜，润物细无声，即朴实。学校立足"三实"，突出"三实"，从环境建设入手，创设一个处处蕴含"三实"的校园氛围。深入大地、盘根错节、四季常青、树冠巨大、自然生长的榕树遍布校园，它平静、雍容、丰盛，像沉默的大山一样岿然而立，隐喻真实、扎实、朴实的学校文化，学校还专门聘请工程师设计园中园、静园，园中园有各种植物和高度仿真的动物，还有中国的地形地貌；静园茂林修竹、鲜花百草相互辉映，亭台连廊、水池喷泉相映成趣。两园景观自然朴素，天人合一，应天顺人，学生课余时在园内或漫步，或休憩，心情愉悦，怡然自得，这是"三实"教育在自然环境中的渗透，学校还把走廊分别命名为国学长廊、科技长廊、艺术长廊，扎扎实实地向学生展示真善美的文化，让学生一抬头就可以接触文化，一转身就可以学到知识。学校本着"让每一面墙壁都会说话，每一片树叶都是书签"的"三实"教育追求，从环境科学的角度出发，对校园做出科学规划，形成了安静的学习区、洁净的生活区、标准的运动区、幽雅的休闲区，整个校园形成了一幅园林景观、生态景观、人文景观的立体绿色画卷。学校希望在真实、扎实、朴实的文化精髓的感召下，学生能做一个真诚真我的人、一个脚踏实地的人、一个谦逊朴实的人。

文化的经营，熏陶是最重要的方式，套用一句俗语，就是"什么样的爹就有什么样的孩子"。漫步在二高的校园中，时时处处都被"三实"的氛围所感染，师生在这里循本心，顺自然，扬个性，砺品行，享有自尊，发展自信，积蓄着厚积薄发的力量。细雨湿衣看不见，闲花落地听无声。当师生时时呼吸着文化的空气，在清新、朴素、自然的校园里徜徉，他们就能成就一个大写的人——做人有品格，做事有品相，学习有品质，生活有品位。

二、培养"三实"干部队伍

俗话说得好，"火车跑得快，全靠车头带"。干部队伍是学校的骨干与中坚力量。在这里，我们借用《西游记》中一个人物的名字，即每个干部都要做二高的"白骨精"。白，既要清清白白做人，干干净净做事，要守住底线，守住红线，把勤政、廉政放在首位；骨，就是要做学校的中坚，做教学的骨干；精，就是要做职场的精英，工作要精益求精，要实心、实干、实效。为此，二高十分注重培养真实、扎实、朴实的"三实"干部。所谓真实，就是干部待人要真实，不要虚情假意，而要肝胆相照；所谓扎实，就是干部做事要扎实，不要好高骛远，而要埋头苦干；所谓朴实，就是干部作风要朴实，不要骄奢淫逸，而要廉洁自律。

为保证干部队伍的真实、扎实、朴实，学校采取多项措施，加以推进。

1. 重选拔

要想保持干部队伍的活力和战斗力，就要不断补充新鲜血液，要形成一种耗散结构。比利时物理化学家伊利亚·普里戈金提出耗散结构理论。耗散结构有两个主要特征。一是开放，系统内部和外部建立物质和能量交换，如果是一个孤立的封闭系统，那么熵增是必然的，如果系统能够对外开放，那么熵减就成为可能。二是要打破平衡，形成运动张力。没有温差就没有风的流动，没有地势差就没有水的流动，不能打破平衡，内部就不可能产生张力，也就没有活力流动。我们把这种耗散结构运用到干部管理过程中，就是定期选拔优秀人才进入干部队伍。在干部选拔过程中，坚持德才兼备、群众公认、注重实绩和公开、公平、公正的原则，学校中层干部实行公开竞聘制度。首先成立学校干部竞争上岗工作领导小组、监督小组。接着制订竞聘方案，我们的干部都是按照下列程序选拔出来的：发布公告—组织报名—资格审查—竞聘演讲—问题答辩—现场测评—初定考察—聘前公示—批复聘用。这套选拔程序构建了一种能上能下、竞争择优的用人制度，把握了使用干部的第一关。

2. 立规矩

无规矩，不成方圆。干部选拔出来后，要给他们约法三章，定出规矩。

首先，我们要求干部有五种意识：

（1）合作意识。有这样一个故事，有一个人很想知道天堂与地狱有什么不同，他决心去看看，于是先去了地狱。他看见地狱的人一个个骨瘦如柴，没精打采的。吃饭时，他们每人拿着两米多长的筷子，饭菜虽好，但由于筷子太长，夹到的饭菜送不到自己的嘴里，他们宁可饿着，也不愿想办法吃东西，所以日子过得很苦。接着，这个人来到天堂，他看见天堂的人一个个白白胖胖的，精神焕发。吃饭时，他们和地狱的人一样，每人拿着一双两米多长的筷子，饭菜是同地狱一样的。不过天堂的人用筷子夹着饭，你喂给我吃，我喂给你吃，人人吃得津津有味，日子过得格外快活。这个人看后明白了，原来天堂与地狱的生活条件没有什么两样。只是人的行为不一样，前者不合作，后者重合作，才有了天堂与地狱的区别。

当今世界，团队的竞合精神已成为事业成功的重要因素。教育尤其要讲究合作精神。研究一个课题，需要小组合作，培养一名学生，需要各科教师的合作，办好一所学校，需要校领导之间、领导与教师之间的合作。在教学、德育、科研工作中，虽有明确的责任分工，但没有死板的工作区域，校风不正，势必影响教风，教风不正，也必然影响学风，诸风不正，那学校的办学声誉和效能必然是短命的。所以学校的干部队伍、学校各处室间，要做到有分有合，既要各司其职，又要高度配合。正如打球一样，既要到位，也要补位。

（2）学习意识。曾经有人说"现在的干部不好当，身体不好会被累死，办法不多会被逼死，能力不强会被急死"。这虽只是一句调侃，但说明了如果我们不重视学习，不善于学习，就难以适应新形势，应对新挑战。《三字经》里说："玉不琢，不成器，人不学，不知义。"说明学习的重要性。孔子曰："吾十有五而志于学，三十而立，四十不惑，五十而知天命，六十而耳顺，七十而从心所欲，不逾矩。"说明学习和修养是循序渐进的过程。子曰："好仁不好学，其蔽也愚；好知不好学，其蔽也荡；好信不好学，其蔽也贼；好直不好学，其蔽也绞；好勇不好学，其蔽也乱；好刚不好学，其蔽也狂"。意思是爱好仁德的人而不爱好学习，它的弊病是愚昧易欺；爱好智慧的人而不爱好学习，它的弊病是放荡；爱好诚信的人而不爱好学习，它的弊病是伤害自己和亲人；爱好直爽的人却不爱好学习，它的弊病是说话尖刻；爱好勇敢的人却不爱好学习，它的弊病是犯上作乱；爱好刚强的人却不爱好学习，它的弊病是狂妄自大。如此看，学习还能治各种思想行为病。我们的领导干部要多读书、勤思考，做到思想上有修为，文化上有内涵，理念上有创新，管理上有建树。

（3）管理意识。干部要敢管善管，学校要建立严谨有序的管理机制，完善制度文化，把管理机制落到实处，做到没有实效的事坚决不做，违背原则的事坚决不做，对学校教育发展有利的事一旦决策一定要坚持做好，自己做不到的事，不要教师去做。我们要努力强化干部就是服务、就是奉献的意识，大事讲原则，小事讲风格，用自己的品行、模范行动树立良好的群众威信和人格魅力。并要求在真实、扎实、朴实上下功夫，将管理责任明细化、具体化，要求人人会管理，处处有管理，事事见管理。通过落实责任，变一人管理为大家管理，权力层层有，任务个个担，责任人人负。让每一名成员都成为管理的一部分，都能找到属于自己的管理坐标。管理一是要严谨，德国产品之所以质量都很好，源于踏实的态度、严谨的过程和专业的精神。管理二是要细致，既要考虑细致，更要做细致。马云说过，再好的战略，不注重细节，那就是一堆废纸。管理三是要较真，执行过程中遭到阻力要敢于较真，遇到矛盾要勇于化解。

（4）竞争意识。"物竞天择，适者生存"，我国著名思想家严复早就对英国博物学家、进化论的奠基人查理·达尔文提出的优胜劣汰的生物进化论学说进行了阐述。随着现代社会的进步、商品经济的发展，"竞争"这个概念也日益从自然界的范畴扩大到了整个社会生活领域的各个方面。实际上，竞争意识是人的成熟个性的表现，它是一种想要获得成功和试图考验自己能力的需求。美国APA的心理学家普遍认为：参与到竞争中去能使人增长才干、发挥力量。竞争意识的强弱关系到是否能将一个人的能力最大限度地发挥出来。

在校级干部的管理中，我们要融入竞争机制。否则，人浮于事，互相观望，互相推诿，那么工作将无法按时推进。有一个寓言故事，粮仓里有16只老鼠，不但偷吃粮食，而且闹得家里不得安宁，于是主人买来三只猫，让它们抓老鼠。三天三夜过去了，猫一只老鼠也没抓到，16只老鼠仍旧在粮仓里闹腾。主人问猫"你们为什么不捉老鼠？"一只黑猫说："怎么捉呀？粮仓里有16只老鼠，而我们只有3只猫，三五一十五，平均每只猫捉5只老鼠，还剩1只谁捉呀？"白猫、花猫也连声附和。这时，主人的狗跑过来，看见一只老鼠从旁边溜过，立即扑过去，把这只老鼠捉住了。三只猫见此欢声雀跃，连声对狗说："你帮我们解决了一个大难题。"这只狗见猫夸自己，趁势又去捉了一只老鼠。这下猫起哄了："你不是成心添乱吗？"那只黑猫说，"现在还有14只老鼠，每只猫平均捉4只老鼠，三四一十二余二，先前只多1只老鼠，现在更麻烦了，多出2只老鼠，谁去捉？"三只猫把狗围了起来，非要狗再去捉两只老鼠。这时主人踢了狗一脚说："你捉什么老鼠啊，真是多管闲事。"据说，狗拿耗子多管闲事的俗语就是出自这个寓言故事。

就这个故事本身而言，如果主人激励猫，谁捉的老鼠多，就奖谁鱼吃，我想猫的积极性可能会大增。我们的管理中也有这种现象，有的管理者不肯主动做事，"一看二慢三进站"，工作疲沓无起色，这多与养尊处优、竞争意识不强有关系，所以我们要引进竞争机制。一是在活动中竞争，通过活动来激发管理潜能；二是在榜样中竞争，实行自我审视，定期总结，评先表模；三是在自我更新中竞争，横比看趋势，纵比看发展。这样，有效提高竞争能力。

（5）创新意识。创新是民族之魂，也是管理之魂。一个领导墨守成规，亦步亦趋，他的工作必然缺乏生机，抑或一团死水，抑或矛盾重重。柳州的两面针牙膏，原来是"老牌子钢针"，后来在激烈的竞争中，销售量上不去，但调查显示使用人数并未减，原因何在？在技术攻关中，有个技术人员建议把出口处的直径增大，果然不到一个月，销售量又上去了。因为人们在使用时，习惯于将牙刷挤满，而牙膏开口处直径变大，同样长的牙膏自然牙膏量就大了。这一创新解决了企业的效益问题。作为教育行业的领导者，有很多问题需要我们去解决，我们应该从提高管理效能的原则出发，多想"路子"，多加"点子"，少走"弯子"，少出"漏子"，工作独当一面，创造性开展工作。

其次，我们要求干部找准自己的位置，做到在认识上定位，在思想上换位，在实践中补位，在工作上到位，在荣誉前让位。

① 在认识上定位。干部，上要对校长负责，下要对教师学生负责。在工作上既要独当一面，为校长排忧解难，但在重大决策面前又不能越位越权；对自

己主管的工作负责，就是对校长负责、对学校负责。我对那种报喜不报忧、说好不说坏、文过饰非的恶劣作风深恶痛绝。因此，在一些是非问题上，中层干部应该敢于真实地袒露自己的意见。

② 在思想上换位。给自己定好位后，还应该时常做换位思考。我是干部，我希望别人怎样配合我？我是教师，我希望我心目中的领导是什么形象？经过反复思考，应该给自己定下目标：严于律己，提高学识；尽职尽责，勇于创新；团结同志，淡泊名利；以公立身，自尊自律。并且在实践中落实自己的目标。

③ 在实践中补位。一位伟人说过："你要求别人怎样对你，你就要首先怎样对人。"这句话给人的启示是深刻的。作为干部，你希望别人配合你，那你也应该首先做到配合别人，遇到别的干部外出，要能主动承担日常工作；遇到非自己主管的其他工作，也能为别的领导补位，不让事情拖延。"众人同心，其利断金"，干部队伍凝心聚力是学校持续发展的重要保证，科室之间、部门之间，有时不好分清你我，需要齐心协力，共同维护学校大局。

④ 在工作上到位。干部对自己分管的工作，应该有很强的主动意识。一是要积极干，增强工作的自觉性、主动性，积极肯干；二是要自己干，亲自抓，一抓到底，不当二传手，不当甩手掌柜；三是及早干，以只争朝夕、时不我待的精神，做一马当先的"急先锋"，不做坐而论道的假名士；四是科学干，遵从教育规律，遵循教育法规，摆正办学方向，规范学校管理，不盲干、不蛮干。

⑤ 在荣誉上让位。在责任面前，做到自己是学校干部，不推诿；而在工作中，自己又是普通一兵，除了尽心做事外，还应要求自己淡泊名利、屈己让人。

3. 抓培训

为了提高干部水平，我们围绕学校可持续发展，科学设置培训内容，每学期会对干部进行培训。一是加强干部政治理论学习，以干部思想政治素质的提升强化学校可持续发展的政治保证。二是加强业务技能培训，针对不同岗位需求，分类进行培训，增强干部推进学校可持续发展的工作能力。三是围绕办学模式、人才培养模式、教学模式、管理服务模式的改革，深入开展教育思想观念大讨论，提高干部办好学校的理论自觉和行动自觉，推动学校的不断发展。

目前，学校已培养出了一批真实、扎实、朴实的干部队伍。他们想干事、敢干事、能干事。他们整体素质高，勤奋廉洁，管理能力强，在师生员工中有较高的威信，教职工对干部队伍的履职情况非常满意，每年测评的称职率和优秀率均在98%以上。

与此同时，学校党委旗帜鲜明讲政治，优化组织结构，夯实基层党组织建设基础；丰富学习形式，抓牢基层党组织建设准绳；抓好队伍建设，提升基层党组织建设效能；满怀豪情，真抓实干，开拓创新，为学校发展开创新局面。

三、打造"三实"教师团队

教师是学校的支柱，教师的"成色"，决定了学校的"基色"。二高十分注重教师队伍建设。我认为，无名师无以成名校，好的学校，应该让教师"牛"起来。"牛"教师，应该真实不虚伪，有高尚品德，可谓立德；扎实不漂浮，有真才实学，便于立功；朴实无华，不做作，不矫饰，善于立言。一句话，"牛"教师要真实、扎实、朴实，具有工匠精神。他们不忽悠教育，不忽悠改革，不忽悠学校，不忽悠家长，不忽悠学生，不忽悠自己的人格与教育的信仰。为打造"三实"教师队伍，学校以名师工作室为平台，以课题研究为纽带，依托5个名师工作室，建起了教师分层发展的"金字塔"，形成梯级发展模式：

塔基部分——刚入职或入职时间较短的年轻教师。对这部分教师利用"青蓝工程"进行栽培。

塔身部分——校级或市级教坛新秀、优秀青年教师、优秀班主任、教学能手。对这部分教师组建"青年教师成长营"进行培训。

塔颈部分——市学科带头人、市骨干教师、优秀教师。对这部分教师组建"中青年骨干教师发展促进会"进行培育。

塔顶部分——省骨干教师、国家级优秀教师、特级教师等专家学者型教师。对这部分教师组建"教师发展论坛"进一步提升。

为打造"三实"教师队伍，深圳二高制定了《促进教师专业发展三年规划》，根据规划出台了《教师成长培养方案》，确立了不同年龄结构、不同教学经验教师成长的培养目标：

学习型教师：以终身可持续发展为学习目标，以自我实现作为人生更大的需求。具有扎实的学术根基、广阔的学术视野，不断更新自己的知识，有追逐学术前沿的意识，能把握教育教学的真谛，了解学生的发展规律，掌握现代化的教育理念。在学习中研究，在学习中发展，在学习中创造。

研究型教师：具有较强的研究意识和研究能力，善于在教育实践中不断地发现问题、提出问题、分析问题和解决问题，并能自觉地运用先进的教育思想和方法指导教学实践，提高教育教学效果。

智慧型教师：能将丰厚的教育理论积淀、丰富的教学实践经验转化为教育智慧。在教育教学实践中专心学习，用心创造，静心育人，潜心研究，精心反思，以"润泽生命，启迪智慧"为己任，给予学生精神的引领、文化的底蕴、能力的提升、创新的发展、幸福的成长。

专家型教师：站在教育改革的前沿和道德的高地上，对某一领域的教育教学问题有综合、全面、深刻的把握。通晓所教学科的专业知识，具备丰富的教学实践经验。在教育教学上卓有成就，具有独立的科研能力、独特的教学风格、高超的教学艺术、自成体系的成熟的教学理论，能引领教学改革向纵深拓展，兼有学者、研究者、教育家的特质。

为打造"三实"教师队伍，深圳二高千方百计为教师创设成长空间，让每一个教师朝着自己的梦想，凭智慧走到一条适合自己的道路上。

地理教师潘国华对天文感兴趣，于是学校专门为他买器材、购设备，从一个天文社团开始，精心设计并逐步完善，建立了国内一流的天文探究实验室。2016年开展了两次面向深圳市全体市民的天文科普讲座，得到了参加活动的市民的一致好评。

政治教师古永忠对书法和绘画情有独钟，于是学校让他在高一、高二专门开设汉字书写必修课和硬笔书法选修课，古老师还建立了"清风书画"工作室，吸引了很多学生和教师。

特级教师梁光明对组培实验感兴趣，于是学校创造条件，开设了生物组培实验室，不但带动了校内学生研究生物组培的兴趣，而且与香港友好学校进行合作交流，取得了很好的成果。

物理教师霍然对机器人感兴趣，于是学校专门开辟两间大教室，成立机器人工作室。机器人社团参加2017FIRST科技挑战赛中国深圳赛区、广州赛区和重庆赛区三个赛区选拔赛，在比赛中获优异成绩。其中在深圳赛区获得冠军联盟，在广州赛区获二等奖，在重庆赛区获三等奖。

信息教师周茂华对创客教育感兴趣，于是学校成立创客研究中心，让他负责。如今，我校创客教育在全国创客教育界产生广泛影响，优秀学子吴子谦同学2017年4月参加CM3国际青少年创客挑战赛包揽了所有奖项（特等奖和一、二、三等奖）。

历史教师周建定对微课教学感兴趣，于是，学校专门拨出经费，让其开发微课课程，创建历史教学风云网站。

学校通过梯级发展模式、目标引领和创设教师发展空间，促进了各层次教师集群发展，如今，具有"三实"精神的教师队伍已初步形成，他们活跃在各自的岗位上，身体力行地成为"三实"文化有力的倡导者、践行者。他们以文化人、以德养人、以艺磨人、以情动人。

四、深化"三实"教研教改

教育需要科研，缺乏科研的教育，只能是一种盲目的低效的认知结果的堆积。为此，学校十分注重教研教改。为了将教研教改与学校实际结合起来，学校要求教研教改必须做到真实、扎实、朴实。教研要真实，不能搞假研究，不能虚构科研成果，要对教育教学有实际的指导作用；教研要扎实，既要注重成果，更要注重过程；教研要朴实，要基于学校问题、学校实际开展教研。

我校依据"以尊重的教育培养受尊重的人"的办学理念，确立二高教育的行动策略：以"和蔼亲切每一个，博学精进每一个，智慧创新每一个，仁爱宽厚每一个，温文尔雅每一个，幸福体验每一个，和谐发展每一个，成就梦想每一个"，培育学生核心素养。

为体现教研教改的真实、扎实、朴实，教师做到在研究中教学，在教学中研究，课堂教学做到"四环四思"。"四环"指教师备课设计上要探究准备、探究实践、探究体验、探究发展。在四个环节的教学实践中，以反思性教学为突破口，提出教师的课堂教学要做到"四思"，即探究准备——课前反思，探究实践——课中反思，探究体验——师生反思，探究发展——课后反思、集体反思。

为体现教研教改的真实、扎实、朴实，学校以特级教师精品课为引领，以人人奉献精品课为载体，以教育论坛为平台，以小课题研究为依托，深入开展教育教学研究，使我们的教师能"静下心来育人，潜下心来研究"，做到"教学研究常态化、常态教学研究化"，全体教师做到"人人有课题，个个能研究，学科出特色，研究出成果"。

为体现教研教改的真实、扎实、朴实，学校要求教师每学期做到"六个一"：每学期写一个创新教学设计，每学期写一份课堂教学实录，每学期写一份课堂教学反思，每学期读一本教育专著，每学期写一本读书笔记，每学期写写一篇经验论文。

为体现教研教改的真实、扎实、朴实，学校狠抓科组建设，各科组在"三实"教育理念指导下，认真教研，不断探索，形成了自己的教学理念。

语文科组认为，"三实"教育理念下的语文课堂教学不是教师的才艺表演，而是学生思考、质疑、批判、发现、求证的过程。教师的教是为学生的学服务的。在课堂教学这个小小的舞台上，教师要始终把学生推上主角位置，教师要安心扮演"绿叶"，辅助和服务于学生的学习，让课堂教学成为学生的主场。要将课堂教学的大权交给学生：给学生一个空间，让他们往前走；给学生多点时间，让他们自己去安排；给学生一个题目，让他们自己去创造；给学生一个环境，让他们自己去探索。为此，语文科组构建了语文"待完满"课堂教学模式，推广语文悬念教学法，实现了"二分天下""三实"课堂学科化。

数学科组"三实"教学模式坚持十个课程原则：以学定教，先学后教，少讲多学，知情并重，当堂过关，控制难度，自主学习，主体参与，合作学习，切身体验，并且分别提炼出了"自主理解消化型的知识新授课""自主交流展示型的知识、能力提高课""自主构建知识网络型的章节复习课""自主弥补修正型的试卷讲评课"四类课型。

英语科组为贯彻"三实"课堂理念，对高中三年的英语教学进行统一筹划，对三年教学中"教什么、怎么教""学什么、怎么学""练什么、怎么练""考什么、怎么考"有通盘考虑。牢牢抓住"词汇循环积累—语法主干凸显—听说阅读领先"这条主线，为学生的后续发展做出良好的铺垫。

物理科组教师认真学习实践"三实"课堂的教学模式，努力寻找符合学情的结合点，精心准备，激情参与，已经基本形成了"先学后教，当堂训练"的教学模式。

化学科组本着"教学问题来源于生活，教学内容服务于生活"的理念，坚持开展"以实验为基础、以应用为目标、以学生为主体的"课堂教学模式，推进"三实"课堂学科化。

生物科组秉承新课改所提出的目标和方向，在认真解读新课标四个理念的基础上，结合学校"以尊重的教育培养受尊重的人"的办学理念，提出了"关注生命，着眼未来"的科组教学理念，引领科组建设，构建了"问题导学"课堂教学模式。

政治科组结合政治学科的特殊性及多年来的实践探索经验，确定了"求真、务实、致用"的政治学科理念，以时代发展要求为出发点，以学生发展需要为核心，以教师成长为纽带，以学科特殊性为依托，锐意进取，有所作为。

历史科组在学校先进的"三实"教育理念的指导下，反复磨合，砥砺琢磨，逐步形成了"以人为本，以史为鉴，尊重人格，守操格物"的教学理念。保证每节课全体学生都能动手做至少三道问答题，一字不漏、工工整整地写出来，不搞花架子。

地理科组努力践行学校的办学理念和育人目标，积极投身基础教育新课程的改革大潮之中，形成了"尊重师生差异，鼓励特色发展；尊重自然规律，探索高效课堂；尊重学生发展，培养现代公民"的教学理念，构建了"探究智慧课堂、自主合作学习"的课堂教学新模式。

体育科组在学校"三实"教育理念的指引下，以"特色体育教学培养阳光健康二高学子"为指导思想，确立了"阳光健康、全面发展、突显个性、终身体育"的学科教学理念。

艺术科组在学校"三实"课堂教学理念的指引下，提炼出了音乐学科教学理念——发现音乐之美、感受音乐之美、创造音乐之美；还提出了美术学科教学理念始终以美术素质文化为根本，以培养学生美术能力为目标。

健康学科组由医务组和心理组构成，负责学生的身心健康。健康学科一直坚持进班教学，这是我们学校的一大特色。一直以来健康课都受到学生的欢迎，学生满意度都很高。在学校的大力支持下，健康学科组建立了"医学救护体验室"和"学生阳光成长中心"，帮助我校先后获得了深圳市和广东省"巾帼文明岗""省心理健康特色学校"等称号。

如今的二高，有了一种浓郁的"三实"教研教改氛围。

五、实施"三实"课堂教学

课堂，是教与学的主要场所，是落实尊重理念、核心素养的主阵地。二高坚持课堂的教育主阵地不动摇，通过多种方式打造高效课堂，积极追求真实、扎实、朴实的课堂。

"真实"即课堂符合学生的接受能力，所教的内容是学生希望得到的东西，教授的内容真实有效、不浮夸，这是一种真的教学；"扎实"既要求教学目标明确，内容不在多而在精，重在落实，重在掌握，重在理解，这是一种善的教学。"朴实"，就是注重形式的互动为切实需要，不是流于形式，不在于流光溢彩而在于朴实，这是一种美的教学。一个合格的教师，教学至少要能做到真实，即真的教学；一个优秀的教师，教学既要做到真，真实，又要做到善，扎实，要将真的教学与善的教学结合起来；一个卓越的教师，必须将真、善、美的教学完美融合起来，既真实，又扎实，还要做到朴实。

任何好的教学理念，没有学生的参与，是不可能达成目标的，因此，围绕"三实"课堂，我们还要求教师上课要实现三个转变：从教师的讲解精彩度转变为学生的参与度；从教学环节的完整性转变为教学结构的合理性；从课堂教学的活跃度转变为每个学生真正进入学习状态的参与度。

这三个转变，实际上就是要求教师从以教师为中心的课堂转到以学生为中心的课堂，允许学生自由表达，把课堂真正还给学生，实现课堂的深刻变化，形成基于学生未来发展的真美课堂，即体现玩的课堂——真思、围着学生转的课堂——真教、有鼓励的课堂——真爱、围绕问题交流的课堂——真学、落实目标的课堂——真会、能力发生变化的课堂——真懂。

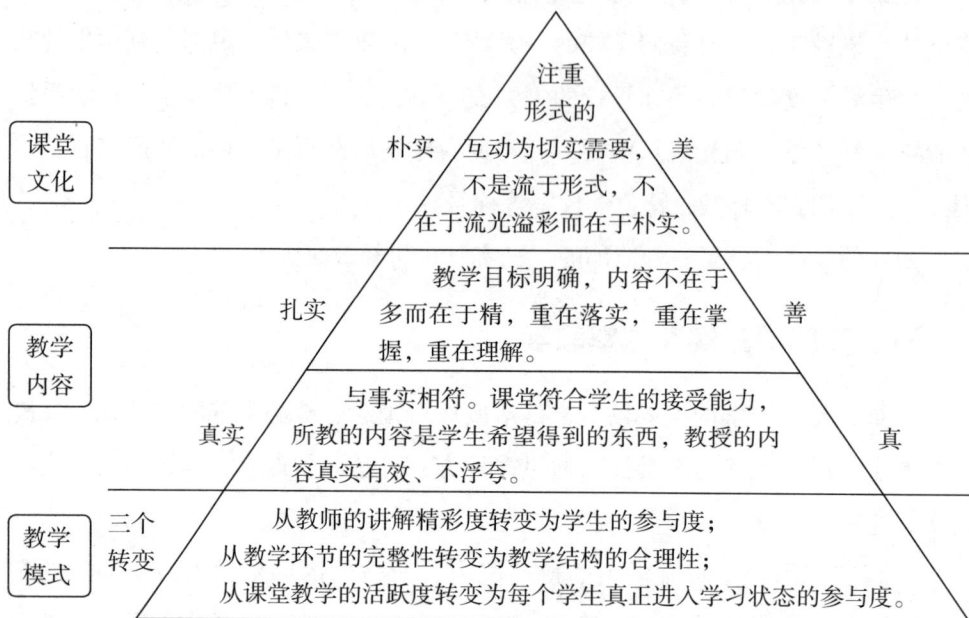

课堂 文化	注重 形式的 朴实　互动为切实需要，美 不是流于形式，不 在于流光溢彩而在于朴实。
教学 内容	扎实　教学目标明确，内容不在于　善 多而在于精，重在落实，重在掌 握，重在理解。 与事实相符。课堂符合学生的接受能力， 真实　所教的内容是学生希望得到的东西，教授的内　真 容真实有效、不浮夸。
教学 模式	三个 转变　从教师的讲解精彩度转变为学生的参与度； 从教学环节的完整性转变为教学结构的合理性； 从课堂教学的活跃度转变为每个学生真正进入学习状态的参与度。

"三实"课堂思想体系

　　"三实"教学，课堂文化突出合作性和互动性，教学内容突出真实性和扎实性，教学模式突出民主性和探究性，"三实"教学的实施，使课堂教学发生了巨大的变化。现在的课堂，人人都是"主角"。课堂教学发生了四大转变：学生由被动接受型的"跟学"转变为任务驱动型的"自学"；学生由浅层次学习转变为深度探究性学习；学生由封闭式学习转变为开放性学习；学生由知识的"观众"转变为能力的"主演"。课堂教学实现了八个"度"：细化探究目标，教学有"梯度"；创设探究情境，学习有"温度"；落实探究实践，参与有"维度"；优化探究体验，体悟有"厚度"；精选探究练习，学习有"效度"；提升探究总结，思考有"深度"；拓展探究作业，研究有"广度"；关注探究评价，发展有"宽度"。

六、构建"三实"校本课程

　　遵照"国家课程校本化，校本课程特色化"的课程改革思路，我校在"以尊重的教育培养受尊重的人"的办学理念的引领下，在开齐、开足、开好国家课程、地方课程的基础上，大力开发"三实"校本课程。课程要真实，要切合学生发展实际，要有整体的思考。课程体系建设不是简单机械的叠加。不同课程之间具有相互承接、有机融合的内在关联性，我们要不断追求和努力实现"1+1>2"的整体效益，进而帮助学生赢取一张张走向未来的"通行证"，并赋予学生可持续发展的最强劲的动力与最丰富的可能。课程建设要扎实，要有长期的坚守。对课程建设，我们不能奢望立竿见影，它是一个慢慢累积、不断深化的过程。追求课程结构化应该是一种"慢的艺术"，要不急不躁、不慌不忙，如此，一个日臻完善的课程结构才能像珊瑚礁一样，在海面下缓缓地累积而出。课程建设要朴实，要集思广益、群策群力，不要搞形式主义和花架子，在实施过程中，要做到活动多样化、内容多元化、管理规范化、评价科学化。根据"三实"教育理念，学校要求教师开发的课程要有选择性、灵活性、全员性、自主性、多样性，现在我们构建了包含基础课程、拓展课程、特色课程在内的具有二高特色的课程体系。

"三证"核心课程系统

具有二高特色的课程体系

在二高，实行"三证制度"。我当校长以来，率先在学校实行"三证制度"，学生在完成全部的国家课程、选修课程及相关的学分后，还不能拿到毕业证，还需通过我校的"三证"关方可毕业。"三证"即为阅读证、汉字书写合格证及游泳合格证。

阅读是人终身发展的必备技能，提高生命的质量，从重视阅读开始。我校开设专门的阅读课，让学生学会阅读和赏析，为今后的发展奠定基础。

我校开设了汉字书写必修课，在日常考试的试卷里专门设有书写分，有专门的教师研究并传授汉字书写的技巧。

我校还要求每个二高学子都要获得游泳合格证。因为游泳不但是强身健体的好方法，更是关键时刻救命的本领。

在二高，国家普通高中课程方案中的信息技术和通用技术两门课程，被开发出了数据库、移动互联应用、机器人、影视技术、服装设计与制作、厨艺等10多个模块课程。

在二高，体育课变成了田径、篮球、足球、排球、网球、击剑、武术、踢毽子、跳绳、游泳、艺术体操等10多个模块。

在二高，艺术类课程被开发为中国画、油画、书法、合唱团、朗诵等多个模块。

除阅读证、汉字书写合格证及游泳合格证学生都要过关外，以上开发出的所有课程，学生都可以自主选择。

学校还大力推进学生社团建设，目前学校建立了80多个学生社团，从艺术、体育、科技创新、历史人文等各个方面为学生搭建起了多维度的成长平台，深受学生欢迎，甚至有的学生在初中就受到了吸引而在中考时第一志愿填报二高。

当同类学校的学生每天埋头题海，为分数而无暇他顾的时候，深圳二高的学生前所未有地根据自己的需要和兴趣选择学习内容，开始关注自己的梦想和未来。"三实"教育理念在校本课程开发实施中得到了真正的落实。

七、开展"三实"德育活动

康德说："什么是教育的目的，人就是教育的目的。"党的十八大提出，要把立德树人作为教育的根本任务。因此，教育的根本任务是立德树人，立人先立德，故德育工作应该摆在学校工作的首要位置。然而，怎样才能让德育工作落小、落细、落实，让德育工作接地气呢？

我以为，德育是种渗透，是种滋养，它是一种温度，不是靠喊一句口号、说一句话就能解决的，德育一定要引导，一定要滋养，一定要有方向，一定要坚持不懈。换句话说，学校开展德育工作要做到真实、扎实、朴实。

德育的真实要体现真心、真我、真性情；德育的扎实要追求方法有效，充分体现设计、滋养和雕琢的用心；德育的朴实要摒弃喧嚣的华丽，还德育于质朴的本源。在"三实"德育理念指导下，学校形成了独具特色的二高德育活动体系。

1. 德育模式自主化

学校成立"三级五部"，完善自主管理机构。在教师的指导下，学生通过个人自荐和民主选举成立了"三级"自主管理机构——班级自主管理委员会、年级自主管理委员会与校级自主管理委员会，每级自主管理委员会又分为卫生礼仪部、劳动部、自律部、文体部、宿管部五部。

学生自主管理委员会以学生为主体，建立严密的自主管理体制，为习惯养成、活动设计、自我管理提供了有力保障。学生自主管理委员会具体负责各级各项行为习惯的检查、量化、评比、统计工作，使管理渗透到学生生活的各个领域，真正实现了"人人有事做，事事有人做，事事都做好"的良好的"三实"德育管理格局。

2. 德育队伍网络化

德育工作网络以学校德育为主渠道，组建了由学校、社区、家长为代表的三结合教育委员会，成立了家长委员会，让家长和学校定期沟通。家长学校每年至少授课2次，提高家长教育子女的水平与能力。级组每学期至少召开一次家长会。班主任至少每年进行一次家访，并经常进行电话家访。学校开通了短信平台，学校、教师与家长随时进行短信交流。

学校成立了由校长任组长，分管政教的副校长任副组长，学生处主任、年级组长为成员的德育工作领导小组；建立学生处—年级—班级的层级管理系统。在德育队伍建设中，以班主任为核心，协同科任教师、后勤管理人员组成全员育人格局。德育队伍网络化，"三实"德育得到了全面、具体的落实。

3. 德育活动主题化

学校在不同时期，根据各年级段的不同情况，确定不同主题，开展系列化教育活动。近几年我们开展了以下主题活动：

（1）公民素质养成教育。例如，"我让父母感动的一封信"等书信比赛活动、五月"校园艺术节"系列活动、革命传统教育活动、"养成教育月和强化训练月"活动、18岁成人宣誓仪式、无偿献血活动、"心系祖国·健康成长"公民意识教育活动。这些活动对树立学生正确的人生观、世界观，引导他们不断增强社会责任感和历史使命感，培养履行公民义务的意识和能力，起到了良好的作用。

（2）心理健康教育。对有异常心理现象的学生给予个别关注或辅导。

4. 德育工作学科化

要将德育工作做到真实、扎实、朴实，德育工作学科化是最重要的途径。为落实"三实"德育理念，学校出台了《深圳二高关于学科德育渗透的规定》，要求学科教学突出三个特点：

（1）确立德育教学目标，寓德育于学科教学之中。

（2）以育人为重点，在学科教学中注意培养学生正确的学习动机、学习态度、学习习惯和良好的学风与意志品德。

（3）学科德育渗透形成特色：突出思想政治课是德育的主阵地，政治教师坚持以德育为首，运用多种适合学生特点的教学方法提高学生的学习积极性，培养学生正确的世界观、人生观和价值观；其他人文学科有计划地对学生进行爱国主义和理想教育；理科教学注意培养学生实事求是、勇于探索的科学精神，帮助学生树立辩证唯物主义的基本观点；艺术课努力培养学生正确的审美能力，提高学生审美水平；体育课培养学生吃苦耐劳、昂扬向上的意志品质和集体主义精神。

德育工作的四化，让德育反映在学校的显性和隐性文化中，很好地落实了德育工作的"三实"理念。

八、加强"三实"后勤服务

学校后勤是以学校后勤服务为核心，以安全保障为基础，以维护部门职能活动正常运转为目标的一项重要工作。后勤工作几乎涉及学校工作的各个领域，包括校园安全管理、饮食卫生管理、财产物资管理、设备配备、设施维修、环境建设、水电维护、热水系统管理、消防管理以及大量领导临时交办的其他工作，具有工作涉及面广、量大、要求高等特点。

当今的学校教育要求后勤工作不只是管管"吃喝拉撒"和仅仅是"头疼医头，脚痛医脚"式的被动服务，它要求学校后勤必须紧紧围绕学校中心工作，根据自身特点，积极主动、创造性地实施后勤管理，服务育人活动。因此，后勤工作也必须做到真实、扎实、朴实。

我们要求后勤服务要真实，要为师生付出真爱，要始终把全校师生的呼声作为第一信号，把全校师生的需要作为第一选择，把全校师生的满意作为第一标准。

为促进后勤服务的真实，我们经常开展常态化学习教育，不断增强"服务育人"理念。结合"两学一做"学习教育，积极开展"思想合心、工作合力、行动合拍"主题教育，组织人员到省内外学校学习交流，开阔眼界，增强后勤队伍思想政治素质，强化"学校无小事、处处是教育，服务无空白、时时能育人"的工作理念，自觉在日常服务保障中言传身教，争当"不上讲台的教师"。

为促进后勤服务的真实，我们每年召开年度总结表彰大会，对奋斗在后勤工作一线的优秀员工进行表彰，凝聚人心，鼓舞干劲。

通过以上措施，我们的后勤服务工作更加真实，我们每一个后勤员工在日常工作中始终真心实意地做到急师生之所急，想师生之所想，办师生之所盼，解师生之所怨，把兄弟姐妹情、父母长辈爱融于服务的全过程，以宽容之心体察师生疾苦，以关爱之情温暖师生心田。譬如，我们学校是全寄宿制学校，学生要一周才能回家一次，因此，学校要让学生有家的感觉。学生离家求学，生活中难免会有一种依赖心理。我们要求后勤工作人员满腔热情、无微不至地关心爱护学生，像良师益友一样关心学生的成长和进步，像父母兄姐一样把学生的温饱冷暖时刻挂在心头。现在，我们的学生宿舍管理由一名校领导亲自负责，由后勤部门主管。担任宿舍管理员的教师，他们有爱心和责任心，做到耐心、细心，有丰富的学生管理经验。宿舍管理员每天晚上住在学生宿舍楼内，全面了解学生在宿舍内的情况，及时给予指导和帮助，解决学生的困难。真情的关怀、悉心的照顾，使学生有了一种家的感觉，有了一种归属感。

后勤服务要扎实。后勤工作要赢得师生的满意，就必须做到扎实，就必须使师生对后勤服务看得见、摸得着、体会得到，用实实在在的服务、切切实实的关心来感染每一位师生。

例如，教室是学习的地方，后勤员工就应给学生提供一个安静清洁、明亮舒适的学习环境，使其能静心学习、增长知识；宿舍是学生休息的"家"，后勤员工就应为学生营造一个安全卫生、温馨优雅的住宿环境，让其好好休息、调节放松；食堂是就餐的场所，后勤员工就应为学生献上营养平衡、美味可口的菜肴，使其尽兴而来、满意而归。总之，后勤员工应当坚持以人为本，自觉地、扎扎实实地把"服务育人"贯穿各项服务的全过程。

为保障后勤服务的扎实，我们采取了一系列措施：

一是细化岗位职责，建立目标责任制，强化责任追究制。坚持"职责明确、任务清楚、各司其职、协调配合、有条不紊"的原则，落实职责到岗到人，并坚持以有章可循、井然有序的管理影响人。

二是明确项目服务规范，健全政务公开制度，保障师生的知情权和选择权。后勤部门应主动公布服务项目、时间、收费标准、原料采购以及人员变动等信息，使后勤服务透明化、可量化、能比较，便于师生衡量和选择。这样做，能够充分体现后勤对师生的人文关怀。例如，建立学生公寓、浴室、饮食服务及校园物业和医疗卫生等服务质量标准。师生对照标准，既可以维护权利，又可以客观评价后勤服务绩效。这样做，有助于推进后勤工作的扎实，提高师生的满意度。

三是规范民主决策管理制度，完善监督制约机制，保障师生的参与权与监督权。后勤部门应积极听取、广泛采纳各方面的建议和意见，鼓励师生参与管理，主动接受师生监督。例如，成立教师后勤管理监督委员会，组建伙食管理委员会，召开伙食价格听证会，建立学生接待日制度，开设热线电话，等等。

现在，学校的后勤服务比以往做得更扎实。譬如，在日常保障工作中，食堂职工自觉做到穿着整齐、不留长发、不染指甲，工作时严格按卫生要求操作，并在各餐厅布置了餐厅卫生、节约粮食等宣传牌匾，倡导"光盘行动"，让文明就餐、节约用水、爱惜粮食的节俭之风成为习惯。每年秋季为迎接新生，维修人员不顾天气炎热，提前完成宿舍的门、窗、家具和水电设施的维修；保洁员提前打扫好卫生，以崭新、清洁的校园环境迎接新生的到来；驾驶人员为保证教职工的安全和能准时上下班，每天提前赶到停车点仔细检查，做好发车准备。

扎实的后勤服务不仅拉近了后勤员工与师生的联系，还拉近了彼此的心灵距离，也使师生在接受优质服务的过程中有机会了解后勤工作，理解后勤员工，认同员工的劳动价值，从而达到服务育人的目的。

后勤服务要朴实，来不得半点花架子，要有润物无声之效。以校园环境为例，现代教育心理学认为：在人的性格形成过程中，环境因素影响很大。学生的主要活动范围是校园，校园环境质量对育人效果会产生直接影响。从实用到艺术，从绿化、美化、净化到校园文化，都可以行"无言之教"，通过耳濡目染，对学生产生强烈的暗示和渗透。后勤工作人员通过自己的劳动，绿化、美化校园，创造优雅、整洁、有序的校园环境，会直接影响到学生的思想意识、行为规范和生活方式；不仅能提升学生的品质修养，而且还可以激发学生的美感，使他们在校园里快乐、舒适地生活，从而充分发挥自己的主观能动性，创造性地进行学习。

总之，后勤工作无小事，必须做到真实、扎实、朴实。对于一所学校来说，其品牌、声誉和社会地位，除了由其培养的学生的素质和教育教学质量决定外，学校的后勤工作也每时每刻都在体现着学校的形象。广大师生的衣、食、住、行、学等无不与后勤服务工作有着密切的联系，后勤服务工作是"没有讲台的课堂"，后勤员工是"不上讲台的教师"，是服务育人的主体，每个后勤员工高水平、高质量的服务，都能给学生起到一种榜样示范的作用和潜移默化的教育作用。

　　一个弥漫尊重而又文雅氛围的校园，一所安静而有责任的学校，一间宁静而有思想的教室，一名心情平静而有正确价值观的教师，一群能自由思想而又能踏实前行的学生是我对教育的追求与期待。"三实"教育理念，就是为实现我的这种追求与期待而采取的措施。长风破浪会有时，直挂云帆济沧海。

学校要有一种自由宽松的人文环境

在校长培训班上课期间，教授让我们看了一部外国影片《美丽人生》。这是一部关于亲情的影片，影片时时让人发笑，但又催人泪下。剧中主人公基度，是一个活泼乐观的意大利犹太青年，他来到小镇阿雷佐遇见了心仪的姑娘多拉，凭着超人的幽默感和机智，最终赢得了姑娘的爱情，几年后他们有了可爱的儿子乔舒亚，同时基度也实现了一生中最大的梦想，即拥有了一家自己的书店，一家三口过着祥和安宁的幸福生活。可是，好景不长，纳粹在乔舒亚五岁时抓走了基度一家，强行把他们送往犹太人集中营，基度不愿意让儿子幼小的心灵从此蒙上悲惨的阴影，在惨无人道的集中营里，他一面千方百计找机会和在女监里的妻子取得联系，向多拉报平安，一面保护和照顾幼小的乔舒亚。为了不让儿子感受到恐怖的纳粹气氛，他哄骗儿子说他们正在参加一个漫长而刺激的游戏，如果积满了1000分，他们就会获得第一名，奖品是一辆真正的坦克。可以想象，在充满恐怖的纳粹集中营，要让孩子长期维持"游戏"的感觉，是多么困难。可是，这位父亲却做到了，他在无奈的谎言和残酷的现实中苦苦挣扎，他尽自己的全力使儿子的童心没有受到任何伤害。当小男孩问，这些德国人为什么这么凶残时，父亲告诉小男孩说："他们是我们的对手，他们怕我们赢呀！"当小男孩想看关押在女牢的妈妈时，父亲回答："这是游戏规则，不能去看；否则，会被扣分的。"影片的结尾是面临溃败的德国人决定大屠杀，于是这位父亲把孩子藏在柜子里，并且千叮万嘱，说已经积满940分了，只差60分就要赢了，要求孩子必须躲在柜子里，不许说话，不许动，不许让任何人发现，一直到外面没有任何人了才能出来；否则，赢不了这场游戏。这位父亲被德国士兵抓住了，德国士兵押着他走向刑场，经过小男孩的藏身之地时，小男孩从柜子的缝隙看到自己的父亲正向他做鬼脸，一切都像是在进行一场游戏。不知过了多久，小男孩觉得周围没人了，于是出来。正当他茫然对着空旷的集中营不知所措时，一辆坦克出现了，小男孩高兴得叫了起来，脸上露出了得意而天真的笑容。年轻的盟军士兵将小男孩抱上了坦克，突然，小男孩看见了还穿着囚服的妈妈，于是，跳下坦克向妈妈跑去，一边跑，一边高喊："妈妈，我们赢了！1000分，坦克！我们赢了！"影片到此戛然而止，而我们这些学员却个个饱含泪水。我们为这位伟大的父亲在非常环境下，还为孩子营造一种轻松愉快的氛围而感动。父亲自己毅然扛住黑暗的闸门，始终不让孩子感受到恐怖的气息，放孩子到光明广阔的地方去，让孩子始终沉浸在美好的幻觉中。在黑暗的岁月里，父亲让儿子的心灵没有留下阴影，让儿子觉得人生是美丽的。而我们呢？正处在和平的环境中，本更有条件给学生创造一种轻松、自由、活泼的环境，让他们快乐地成长，可是，实际情况又怎样呢？记得小时候，我们调皮时，大人总是讲老虎来了，吓得我们胆战心惊。一旦进入学校，也总是被一种人为的紧张氛围包围着，学校许多管理制度的特点是"威吓其精神，抑制其爱好，强制其顺从，禁锢其欲望"。学生长期生长在这种紧张的氛围中，心灵得不到舒展，个性得不到张扬，成为困在笼中的鸟，一个个像《红楼梦》中的林黛玉初进贾府时的情景，步步小心，时时在意，不敢多说一句话，不敢多走一步路，成为当今中国社会最没有享受到人权的一族。1946年，陶行知先生在《小学教师与民主运动》一文中提出要给学生"六大解放"：解放学生的头脑，使他能想；解放学生的双手，使他能干；解放学生的眼睛，使他能看；解放学生的嘴巴，使他能谈；解放学生的空间，使他能到大自然、大社会里取得更丰富的学问；解放学生的时间，不把他的功课表填满。仔细想来，陶先生提出的"六大解放"没有一个实现。可以说，现代生活的空间越来越大，而学生生活的空间越来越小；教学大楼的空间越来越大，而学生心灵的空间越来越小；学校生活看起来越来越安定，其实，学生内心越来越不安定。面对外面的精彩世界，处于封建社会的杜丽娘都会发出"良辰美景奈何天，赏心乐事谁家院"的感慨，并进而到牡丹亭去欣赏那万紫千红的世界，处于今天信息时代的学生，他们的个体意识更强，你要想去关住那"满园春色"，其结果只能是"一枝红杏出墙来"，他们总是会想方设法去冲破这种束缚。当年，鲁迅先生在三味书屋读书，不也是受不了这种沉闷的气氛，跑到外面去寻找大自然的乐趣吗？一方要束缚，一方要冲破这种束缚，这就必定会造成种种矛盾，会使校园环境不和谐，不利于学生的成长，不利于学生生动活泼地发展，不利于对学生创造精神和实践能力的培养。这种种不合理的条条框框，尽管使学校生活日趋规范，尽管使管理者"高枕无忧"，但学生被牢牢禁锢在这个规范系统中，使他们失去自由思考和想象的能力，如同一群抽象的编码和符号，学生虽然变得文雅和持重了，但同时也丧失了生机和活力。

有一则故事：有一个美国的棒球冠军，在一个阳光灿烂的日子带着孩子去郊游，在一家农场的庄园里，看到有一只鹰混杂在鸡群中。在美国，鹰是成功的象征，鹰本是抓小鸡、吃小鸡的，怎么会混杂在鸡群中呢？棒球冠军觉得非常奇怪，就问庄园的主人。主人告诉他，这只鹰，我把它从野外拾回来的时候，还只是一个蛋，是放到鸡圈里孵出来的，是和鸡一起长大的，生活习惯了，慢慢地就不会飞了。棒球冠军要求把鹰给他，庄园主同意了，于是，冠军把鹰拿到手中，来到一块草地上，对鹰说："鹰啊，你是属于蓝天的，去飞吧！"接着把鹰往空中一抛，鹰落了下来，拾起来又一抛，还是落了下来，那只鹰就是飞不起来。属于蓝天的鹰飞不起来，就是因为长期生活在鸡的环境中，习惯了。学生本是生动活泼的，如果长期生活在不宽松的环境中，最终也会飞不起来的。我曾经看过一部名为《又见吉隆坡》的电视纪录片——记录了中国少年足球队兵败吉隆坡的痛苦一幕，其中，一段解说词意味深长："中国的孩子是含羞草，总是不敢。"我们的孩子为什么成了这样？这与我们缺乏自由的学校环境不无关系。爱因斯坦曾说过："我认为，学校凭借恐吓、压力和权威来管理学生是一件最坏的事，它破坏了学生深挚的感情和真诚、自信，它养成学生驯服的性格。"

我们必须营造一种丰富、和谐、疏朗、博大、自由、宽松的环境，解放学生，放飞学生心灵。这种自由宽松的人文环境有利于和谐师生关系，有利于师生合作教学，有利于培养敢闯、敢干、敢冒险，有创新精神和实践能力的人才。

学校要有一种美的自然生态环境

　　学校不仅要有一种自由宽松的人文环境，还要有一种美的自然生态环境。自然环境是人类赖以生存和发展的条件，也是人类认识和开发的资源，这种资源对于教育，特别是对于处在长身体、长知识时期的广大青少年学生来说，必将产生直接和间接的影响。早在19世纪初期，美国等一些国家就有了学园计划，充分利用自然和半自然的生态环境来建立教育的生态环境；倡导学校远离冒烟的工厂和拥挤的市区，在学校要建立动物园、植物园、小型农场、博物馆等，使校园成为充满生机和活力的美的自然生态环境。美的自然生态环境，能够增加校园吸引力，有利于师生合作教学，有利于学生健康成长。著名学府大多建在美丽的风景名胜区，如北京大学、清华大学、武汉大学等。2015年，我出差到北京，怀着一种无限向往的心情，进入北大校园学习。北京大学校园，又称燕园，在明清两代，曾是著名的皇家园林，校园北与圆明园毗邻，西与颐和园相望，北大充分利用了这一难得的历史遗产，营造了风景如画的校园环境。这里不仅有亭台楼阁等古典建筑，而且山环水抱，湖泊相连，堤岛穿插，风景宜人；校园内古木参天，绿树成荫，四季常青，鸟语花香，园林景色步移景异，这是学生理想的学习场所。大学自然环境优美，中小学更需要优美的自然环境。我们学校，坐落于南山脚下、西丽湖畔，是一所花园式的学校，在花园式的校园中，有小溪、凉亭，有各种奇异美丽的南国植物，有弯弯曲曲的小径，让学生在"自然中体验，体验中学习，学习中生活，生活于自然"。学生在学校中学习，其乐无穷，学校成了学生的乐园。但我们还有不少学校坐落在闹市区，房子也十分拥挤，到处是水泥地面，没有凉亭，没有石凳，没有弯弯曲曲、诗意盎然的小径，没有花园，学生每天只能从寝室走到教室，从教室走到食堂，没有心灵休憩之地。生活在这样的环境中，学生自然会紧张疲倦，焦虑厌学。内在心灵的不和谐，会导致师生关系不和谐，校园环境不和谐。

我可以自豪地说，深圳二高是一所花园式的校园，我们营造了一个布局合理、舒适美丽的自然环境，师生诗意地生活在学校，诗意地栖息在校园这片美丽的土地上教书、读书、学习。

传统文化视野下的深圳二高办学理念

——二高办学理念的系统阐释及传统文化渊源探究

一、办学理念的有机性、整体性

自学校开办以来，我们实施"以尊重的教育培养受尊重的人"的办学理念。理念中的"尊重"概念由低到高分四个层级：尊重自我、尊重他人、尊重社会和尊重自然。根据办学实际，我们对这四个层级提出了具体要求。第一级：尊重自我，从敬畏生命、悦纳自我开始；第二级：尊重他人，从遵守制度、学会包容开始；第三级：尊重社会，从服务社会、担当责任开始；第四级：尊重自然，从保护环境、养成习惯开始。尊重概念这四个层级，其实是和谐社会理念的校本化。四个层级都渗透了和谐精神。第一级"尊重自我，从敬畏生命、悦纳自我开始"，是自我与内心和谐的校本化体现；第二级"尊重他人，从遵守制度、学会包容开始"，是自我与他人和谐的校本化体现；第三级"尊重社会，从服务社会、担当责任开始"，是自我与社会和谐的校本化体现；第四级"尊重自然，从保护环境、养成习惯开始"，是自我与自然和谐的校本化体现。而且这四个层级是有内在联系的，是一个不可分割的有机整体。一个集体、一个社会，是由一个个个体构成的，只有懂得"尊重自我"，有"敬畏生命、悦纳自我"的内心体验，才会懂得去"尊重他人，学会包容"。只有人人懂得"尊重他人，学会包容"，才会构成一个尊重的社会，这样的社会，人人珍惜，人人尊重，于是形成一种"尊重社会"的风气，于是人人有一种"服务社会，担当责任"的意识，于是就形成和谐的社会。只有社会与自然和谐，天人合一，才会有人类社会的可持续发展，于是，人们就会有"尊重自然、保护环境"的意识。我们的办学理念是一个有机统一的整体系统，前一级是后一级的基础，后一级是前一级的升华。整个系统呈金字塔结构，如图所示：

尊重自然，
从保护环境、
养成习惯开始　第四级
（人与自然的和谐）

尊重社会，从服务社会、担当责任开始　第三级
（人与社会的和谐）

尊重他人，从遵守制度、学会包容开始　第二级
（人与人的和谐）

尊重自我，从敬畏生命、悦纳自我开始　第一级
（人自身的和谐）

以尊重的教育培养受尊重的人

二、办学理念的传统文化渊源

我们提出的尊重的办学理念及其具体内涵，是有着中华民族的传统文化渊源的。

第一级"尊重自我，从敬畏生命、悦纳自我开始"，源自儒家的"乐道精神"。孔子认为，乐有两种，一是对自我有益的快乐，如符合礼乐节度，称道别人的善处，交贤明的朋友，这是真快乐，包含着丰富的仁义礼乐的内涵，是乐道精神的体现。二是对自我有害的快乐，如以骄傲为乐，以游荡为乐，以饱食荒淫为乐，这种快乐是不符合礼乐节度、有违礼义廉耻的快乐，是非乐道精神。"乐道精神"在孔子的求道历程中得到充分体现，他"发愤忘食，乐以忘忧，不知老之将至"。一生孜孜追求，发愤忘食求道，而忧道之不可得，一旦得道，乐而忘忧，这种乐道精神，是得道时的精神满足。孔子的"乐道精神"

告诉我们，人要学会善待自己，既要实现自己的人生价值，又要保持健康的身心。要重内轻外、重身轻物，着重于道德修养和内心自敛，保持自我身心内外的和谐，经常"内省""克己""反求诸己"，求真、行善、崇美，"养浩然之气"。孔子的这种乐道精神为我们提出"尊重自我，从敬畏生命、悦纳自我开始"提供了有益的借鉴。

第二级"尊重他人，从遵守制度、学会包容开始"，源自儒家所提倡的"人本精神"。较早提出人本概念的是管子。管子所讲的人本，就是把人当作人看，尊重人格，尊重人的自我意志，满足人的需要。作为"六经之首"的《周易》就明确倡导"厚德载物"的文化理念，强调君子应该像大地那样以宽厚之德容载万物。可以说，在一定程度上，"厚德载物"奠定了中华民族的文化心理基础——包容。孔子则提出"克己复礼""己所不欲，勿施于人"的思想。儒家的这种尊重他人、学会包容的人际和谐思想，有利于人与人的友好交往、平等相待，有利于群体间的和平共处、精诚团结。儒家的这种尊重他人、学会包容的人际和谐思想，也是当今世界的发展趋势。1995年11月联合国教科文第28届大会通过《宽容原则宣言》，宣布每年11月16日为"国际宽容日"。2009年11月16日国际宽容日，联合国秘书长潘基文再次呼吁，在相互理解和尊重他人的基础上建立宽容的生活方式。人类社会的任何组织，小至家庭，大至社会、国家，要和谐共存，都离不开包容意识。人的性格不同，个性各异，对事物的见解也不尽相同。如果缺少起码的包容意识，人人各执一端，互存偏见，就不可能创造出和谐美好的生活。根据传统文化的人本理念，我们提出"尊重他人，从遵守制度、学会包容开始"。

第三级"尊重社会，从服务社会、担当责任开始"源自儒家所强调的"以天下为己任"的儒士精神。儒学具有入世品格和刚健精神，注重人格价值，尊重人的尊严，同时强调社会责任心，宣扬个人对社会、民族的义务。孔子要求人们终生坚持不懈地履行对他人以致天下人的不可推卸的责任，曾子说："士不可以不弘毅，任重而道远。仁以为己任，不亦重乎？死而后已，不亦远乎？"孟子提出："居天下之广居，立天下之正位，行天下之大道。"主张以"大丈夫"气概立于天地之间。宋代范仲淹发出的"居庙堂之高则忧其民，处江湖之远则忧其君""先天下之忧而忧，后天下之乐而乐""是进亦忧，退亦忧"的忧国忧民的感慨；明代顾炎武倡导的"天下兴亡，匹夫有责"的道德责任思想，及林则徐高唱的"苟利国家生死以，岂因祸福避趋之"的无私无畏的名句，都体现了这种责任和担当，都是我们提出的"尊重社会，从服务社会、担当责任开始"的最真实的写照。

第四级"尊重自然，从保护环境、养成习惯开始"，源自道家的"天人合一"思想。老子认为，"人法地，地法天，天法道，道法自然"。庄子也认为："天"与"人"以及自然万物在本质上是融合为一的，"天地与我并生，万物与我为一"。人应该做到"顺之以天理，应之以自然"，要养成尊重自然、顺应自然的良好习惯，以实现事物自然成长和可持续发展。人与自然的和谐是人类文明存在和发展的基础，是今天我们构建和谐社会与和谐世界的前提条件。道家的"天人合一"思想为人类与自然界的和谐相处指明了方向，道家的"天人合一"思想也是我们提出"尊重自然，从保护环境、养成习惯开始"的理论依据。

走尊重型教育道路　建国家级示范高中

　　深圳市第二高级中学是2007年由深圳市政府重点投资建设的全日制公办寄宿制高中，是深圳市教育局直属学校。学校位于被称为"深圳硅谷"地带的西丽湖畔，毗邻深圳高科技园区和深圳大学城，文化气息和科技创新氛围浓厚，学校周边正在建设成为集深圳优势教育资源于一体的教育改革实验场。

　　十多年来，我校边建设，边办学，各项工作高起点起步。

　　学校现有60个教学班，全校学生人数3000人，班均50人。全校教职工总数270人，其中专任教师202人，本科学历达标率为100%，有硕士研究生学历的教师66人，博士学历教师1人，高级职称教师49人，专任教师中具有高级职称或研究生学历的教师占80%。其中正高级教师1人，特级教师9人，省级优秀教师5人，省级名师4人，市级名师6人，市级学科带头人6人。

　　学校校园布局合理，环境幽雅，绿意盎然，文化气息浓厚。创办之初按重点中学规划，按园林式设计、高标准建设的要求建设，学校占地面积10.8万平方米，建筑面积6.5万平方米。现已完成的场馆建设有教学楼、实验楼、运动场、图书馆、教研办公大楼及电子阅览室、电教馆、学生公寓、学生食堂等，建有生物园、地理园。艺术楼投资2亿元，是全国最大的艺术楼。学校教学设备设施全国一流，多媒体电教平台进入每间教室，信息化程度高，实现了网络教学和资源共享的目标。我校实验室、专用室等场室按学科课程标准要求配置，学校运动场所和设施齐全。图书馆藏书40万册，电子读物26万多册。

　　我校确立"以尊重的教育培养受尊重的人"的办学理念，走尊重型教育之路，在办学理念的指导下，办学水平和效益不断提高：先后被评为"深圳市教育系统先进单位""全国特色高中实验学校"，获得了深圳市德育和体育特色学校的创建资格，2010年被破格评为"深圳市一级学校"，2011年又被破格评为"广东省一级学校"，2011年，顺利通过广东省教学水平评估，成为"广东省普通高中教学水平优秀学校"。十多年来，我校以深圳速度跨越式发展，被深圳市教育局领导称赞为"深圳优质高中教育最大的增长点"和"深圳教育的新品牌"。做法和成效如下。

一、奠定基石，先进的理念引领尊重型教育教学方向

办学理念是学校的灵魂，是立校之本、育人之基，是引领学校文化建设的精神支柱和指导学校发展的行动纲领。在认真分析自身发展的优势和存在问题的基础上，我校提出了"以尊重的教育培养受尊重的人"的办学理念，倡导尊重教育规律，尊重生命成长规律，尊重学生发展差异，尊重教师的创造性劳动，着眼于学生的长远发展，把学生培养成为尊重自我、尊重他人、尊重社会、尊重自然并受他人和社会尊重的现代公民。学校把"尊重"作为学校教育教学和管理工作的目标指向与崇高追求，着力树立以"尊重"为特征的学校核心价值观。

学校确立了"阳光、进取、平实、包容"的校风，倡导师生以阳光的心态面对人生，以进取的精神砥砺前行，以平实的作风积淀成功，以包容的胸怀接纳世界；学校着力建设"明志笃学、诚信自律"的学风和"厚德精业、智慧博学"的教风；学校提出了"绿色美校、科研兴校、文化雅校、名师强校"的办学方略及"身心健康有活力，勤奋进取有理想，基础扎实有特长，终身发展有潜能"的培养目标；学校提出以平常心办不平常教育，用平实作风铸造学校发展的基石。

在办学理念的指导下，我校教育教学工作坚持从学生的思维及认知规律出发，坚决摒弃不尊重教育规律、高消耗、低产出、粗放式、时间加汗水的传统教学方法，坚决改变死记硬背、机械训练的现状，以新课程改革所倡导的教学理念为指导，探索出一套"三实"课堂的原则和方法。

在办学理念的指导下，我校提出了课堂教学的16字方针，即"导学为主，

导教结合，自主学习，智慧课堂"，要求将课堂还给学生，在导动机——激发、导学法——指导、导目标——动态生成、导问题——建立问题主树干等方面下功夫、做文章，倡导学生主动参与、乐于探究、勤于动手，给学生创设探索问题、解决问题的自我体验，以达到思维应有的广度与深度，让学生发现自己的潜质，发展自己的潜能。

在办学理念的指导下，我校还从学校教学、德育、师生关系和教师职业修养等制衡教育成长的四个维度提出了走出"重负低效"的三大命题，即在自主管理课题的引领下，怎样促进学生的自主发展，让德育更生动；在尊重的教育理念下，教师怎样走进学生中间，让师生关系更和谐；在市场经济的大潮中，怎样坚守教师职业操守，让事业更崇高。

在先进的办学理念的指引下，我校教育教学质量迅速提高，学生素质不断增强，办学内涵不断丰富，办学活力和办学效益日益显现，走上了一条科学发展的快车道。

二、完善管理，健全的制度保障尊重型教育教学开展

根据学校尊重型办学理念和发展规划，我校积极探索、推进教育教学管理的改革和创新，构建民主、科学、规范、服务型的教育管理体制。

1. 建设德才兼备的领导班子

学校领导班子是治校之魂，是尊重型办学理念最忠实的宣传者和实践者，是带领广大教职工开展尊重型教育教学改革的领航人和开拓者。我校现有领导班子结构合理，分工明确，人员精干。正副校长都具有大学本科学历，都具有中学高级职称，都参加了校长上岗培训，校长高玉库、副校长常春都参加了省举办的中学校长高级研修班学习。班子成员在学校管理和课程改革工作中发挥着核心作用，在教育教学上都有所建树，校长高玉库是数学特级教师、深圳市十佳校长、深圳市名校长工作室主持人、广东省名校长工作室主持人；副校长常春是南粤名师。班子成员坚持深入教学第一线，管好一条线，抓好一个级，上好一门课，带动一批人，参与承担一项课题研究。近几年班子成员共在有关刊物上发表教育管理和科研方面的论文10篇，出版专著4部。学校领导班子历来

坚持"忠诚、团结、务实、开拓"的班子作风，努力成为"四个方面"的带头人：勤政廉政的带头人、遵纪守法的带头人、勇挑重担的带头人、科研兴校的带头人。在议事决策上执行"集体领导、民主集中、会议决定"的制度，着力建设一个德才兼备的领导班子，为学校尊重型教育教学的开展保驾护航。

2. 建立民主和谐的管理系统

为创设科学民主、和谐高效的管理环境，确保尊重型教育教学活动的顺利展开，我校建立了四条纵向管理系统，分别是"校长室—学生处—年级组—班主任"的德育管理系统、"校长室—教务处—学科组—备课组—教师"的教学管理系统、"校长室—总务处—宿舍、食堂和医务室"的后勤管理系统以及"党委—工会—教工代表—学生和家长代表—社区代表"的师德建设和民主监督系统。同时还设立了教务处、学生处、科研处、总务处和办公室"四处一室"的横向管理系统，实行目标管理，落实岗位责任制。

我校坚持校长负责制，党组织发挥监督保障作用，教代会（工会）参与民主管理。党支部建在年级，定期召开教代会和家长会；实现管理重心下移，充分发挥年级组、学科组在学校管理中的积极作用，努力建设扁平化、服务型、尊重型学校行政体系；建立健全校务委员会、学术委员会、家长委员会、学生会等组织，探索教师、家长代表、社区代表参与学校管理的新途径，创设民主、和谐的学校管理氛围，使尊重型教育教学活动得以顺利开展。

3. 健全科学有效的管理制度

为加强管理保障系统对学校尊重型教育教学活动的有效指挥和监控，我校结合新形势要求，逐步健全和完善各种管理制度，制定了《深圳市第二高级中学学校章程》，建立健全人事管理、财务管理、固定资产管理、教学管理、图书馆管理、学生管理、生活管理等制度，编印了《学校规章制度汇编》，通过制度管理学校事务，规范教育教学行为，使尊重型教育教学活动的顺利开展有章可循。

实行校务公开制度，教职工评优推先、调动入编、外出学习培训全部实行事前公示，学校所有制度和文件均在校园网上公布，教职工可随时上网查询。中层干部实行公开竞聘上岗，学校重大决策和关系教职工切身利益的制度方案出台必须提交教职工大会讨论通过，如《教职工绩效工资分配方案》《教师专业技术职务聘任实施方案》等均经教职工大会投票通过后才得以顺利实施。学校开设了校长和各部门负责人网上信箱，师生可随时反映自己的意见和建议，校长和各部门负责人做到有信必复，有问必答，保持畅通的沟通渠道。

健全的制度保障了学校尊重型教育教学活动的有效开展。

三、建设队伍，优秀的团队促进尊重型教育教学实施

教育大计，教师为本。要推行尊重型教育，走尊重型教育之路，要实现"身心健康有活力，勤奋进取有理想，基础扎实有特长，终身发展有潜能"的育人目标，就必须有一支师德高尚、业务精良的教师队伍。近年来，我校不断完善教师的继续教育与培养机制，致力于全面提高教师素质。我们的做法是多层次、多渠道、全方位进行培训。

1. 实施"激励"工程，激活教师热情

我校实行教职工聘任制，形成富有活力的竞争机制；实行教职工德、能、勤、绩评估制，激励教职工创优争先。

2. 实施"师德"工程，提高师德修养

我校坚持"学高为师，身正为范"的师德标准，树立"厚德精业、智慧博学"的教风，开展"重铸师德、奉献教育、永葆先进"主题实践活动，倡导教师争做"师德的表率、育人的模范、教育的专家"。制定《深圳市第二高级中学教师尊重型教育教学情况调查表》，让学生对教师进行民主评议，既起到了评估教师的作用，又促进了教师的工作；既沟通了教和学，又便于教师对教育教学进行反思，实现教学相长，使整个教育教学活动和谐进行。倡导教师在教育教学活动中投入爱的情感、表现爱的行为、讲究爱的艺术，为学生营造宽松愉悦的成长环境，最大限度地理解、包容、善待学生，与学生建立相互尊重、相互信赖的民主和谐的新型师生关系。

组织教师学习教育法规，以此提高教师执行教育方针、路线、政策的自觉性，增强他们教书育人的责任感和使命感；定期开展评优表彰活动，树立师德标兵，推出育人典型，召开经验交流会和报告会，使全体教师学有榜样、干有

示范。

3. 实施"充电"工程，树立学习观念

学校以整体优化教师队伍为目标，以培养教育教学骨干为重点，制定并实施了《深圳二高教师校本培训计划》，采取"请进来，走出去，校内训"的方式实行全员培训。培训重点是让教师掌握现代教育观念，应用现代化技术和信息化手段，从而提高教师实施尊重型教育的理论水平和技能水平。目前，我校90%的教师能熟练制作开发课件，92%的教师具有熟练整合学科教学与信息技术的能力，100%的教师能操作多媒体电教平台，使用课件进行教育教学。

校本培训注重对教师教学基本技能方面的培训，到目前为止，我校已举办了33届教师论坛。每届论坛由科研处组织教师就当前的教育教学热点问题以论坛的形式展开讨论，以求达到在学术上互相交流、共同进步的目的。

我校还鼓励和支持教师在职培训。学校派出几十名教师赴美国进修，派出近百名教师赴江苏、山东、黑龙江等全国课改实验区学习考察，经常性地选派教学骨干到著名高校或国家级、省级教育机构接受专业培训以及参与国内外各种学术交流，为学校尊重型教育的持续发展增加了师资力量的储备。

4. 实施"评价"工程，促进持续发展

我校启动了教师综合素质评价管理系统，对每位任课教师都从德、能、勤、绩四个方面提出具体导向和岗位要求，并遵循多元评价的原则，对教师的教育、教学、教研工作诸多方面给予评价。此系统以促进教师的专业发展为目的，强调教师在评价中的主体地位、民主参与和自我反思。整个评价的过程主张多元化、多渠道为教师提供反馈信息，重视教师的个体差异，即人格、职业素养、教学风格等方面的客观差异，尊重个性体现，使尊重型教育教学活动更加丰富多彩。

5. 实施"名师"工程，打造品牌教师

我校深入开展岗位练兵，培养名师。要求每一位教师都具备三种能力（驾驭课堂能力、合作沟通能力、改革创新能力），熟练五种课（新授课、复习课、讲评课、实验课、综合实践活动课），做好"六个一"（读一本教育教学理论书籍、上好一节公开课、撰写一篇教育教学论文、制作一个优秀教学课

件、参与一个课题研究、写好一份教育教学反思）。近几年来，我校涌现了一大批在全市、全省乃至全国都较有影响的先进典型：常春等老师被评为南粤优秀教师，李喆老师被评为广东省劳动模范、全国劳动模范，何泗忠老师被评为深圳市学生最喜爱教师，李淑梅老师被评为深圳市师德标兵。学校鼓励教师参加各类进修活动和积极开展学术研究，鼓励教师申报国家、省、市各级政府立项课程。设立教学研究及出版基金，建立教育教学成果奖励制度。对教师公开发表论文、出版学术专著或教材等，给予奖励，营造良好的学术氛围，努力造就智慧型、专家型教师。

在浓郁的研究教学的氛围里，我校教师迅速成长。13年来，我校教师在国家级和省、市级学术刊物上发表论文225篇，出版专著24部。每学年教师在各类教学和论文比赛中获奖超过100人次，13年来共获得全国一等奖184个。我校教师队伍建设扎实深入，初步构筑起学校发展的人才高地。

我校重视学科组的建设，做到有规划、有重点、有成果、有特色。学校倡导"在研究状态下工作"，鼓励教师做智慧型教师，业务探讨、集体备课、相互学习、课题研究、推门听课蔚然成风。所有学科组在近几年中有60%以上的教师曾在区级以上以公开课、论文发表、成果交流和获奖等形式凸显水平，获得好评。

6.实施"青蓝"工程，培养青年教师

我校的专任教师中，青年教师约占80%，是我校教育教学的生力军。我校坚持"以老带新、师徒结对"的培养制度，以此帮助青年教师迅速成长，使青年教师"一年起步，四年立足，五年成骨干，十年成名师"。对青年教师进行"选苗子、结对子、压担子"培养，使一大批青年教师快速成长，如刘尚源、李剑林、李喆、姜陆陆、陈琳等一批年轻教师，已经在教学中取得较理想的成绩，成为学校各个学科教学的中坚力量。

高素质的优秀教师团队促进了我校尊重型教育教学活动的实施。

四、聚焦课程，独特的文化拓宽尊重型教育教学途径

课程文化是学校文化建设的重要内容，课程是我校尊重型教育教学的核

心，尊重型教育教学的目标、价值和实效主要通过课程来体现和实施。

1. 认真组织，构建适合学生发展的课程体系

在尊重型办学理念的指引下，我校制定了《学校课程发展规划》《新课程实验工作方案》《新课程实施方案》和《校本课程开发总体规划》，并具体制订了必修课、选修课的开设计划。

在实践中，我校在传承优秀品牌课程体系的基础上，结合学校尊重型办学实际，初步构建了包括国家、地方和学校三大结构的课程体系，并有效实施。一方面开齐开足包括综合实践活动、技术、艺术、体育与健康课程在内的所有基础必修课程；另一方面根据社会对人才多样化的需求，尊重学生不同潜能发展的需要，在共同必修的基础上，开设丰富的选修模块，满足学生全面发展和个性发展的需求。

教师们还充分利用学校资源、社会资源和家庭资源开发校本课程。目前开设的校本课程专题超过60个，涵盖了民俗文化、自然科学、社会科学、艺术和体育与健康五大学习领域。学校陆续开发出影视创作编导、书法、形体、英语口译、汽车技术实训、机器人制作等多项校本课程和选修课程，编写了相应的校本教材。学校着力推动学生社团活动课程化管理，采取学科组主导和学生自发组织两种方式，组建了文学社、合唱团、环保社、戏剧社、管弦乐队、三大球类、田径、书法、舞蹈、播音、机器人、电脑制作、红十字会、历史影视等近80个学生社团，其中有近20个是学生自发组织的社团。丰富多彩的社团活动，深受学生喜爱。

2. 认真落实，以课程实施为契机探索教学新模式

在尊重型办学理念的指引下，我校坚持从学生认知发展规律出发，探索出一整套科学高效、大幅度提高教学质量的路径和方法，集中体现在"高效课堂12345"中，即1个立足点：立足中上，推拉两头，面向全体；2个量：思维活动量和知识信息量；3动：学生手动、口动、脑动；4个意识：关注学生状态的意识，关注实际生活的意识，整体设计的意识，相信学生能力的意识；5个环节：预习问题化，设问主线化，互动常态化，反馈生成化，作业弹性化。我校依据以上五个方面的要求，制定了课堂评价的四个标准：少灌输多互动、快节奏大容量、立规范究细节、精设计重生成。

我校积极开展课例研究，坚持"一课三备"的备课制度，形成既具集体智慧又有个性的教案。应用"微格教学"技术，提供各类课例，引导教师自我观看、自我反思、自我矫正。以说课、授课、评课"三课"活动为载体，积极开展专题化的教研活动，形成"在工作中研究，在研究中工作"的局面，努力使100%的教师胜任四年循环教学，100%的教师能独自开设选修课，80%以上教师能承担或参与省市科研课题。

学校不断推进"三实"课堂的研究与实践，组织各学科组开展小课题研究，探索有学科特点的三实教学模式，推动课堂教学的改革和创新。《新课改理念下课堂设问情境创设的策略》《有效课堂之课前预习》《作业的有效性》等98个小课题的研究普遍展开。此外，高玉库、何泗忠、周茂华老师的省级课题，戴利焰、刘尚源、刘向、高志、唐邦顺等老师的市级课题得以立项批准，目前正在开展。

办学13年来，课堂活力不断激发，我校教育教学质量不断提高，连续13年夺得深圳市高考工作卓越奖。

3. 重视体卫美劳课程实施，关注学生的健康成长

在尊重型办学理念的指引下，我校贯彻落实"健康第一"的指导思想，认真执行《学校体育工作条例》等体育法规，积极推进阳光体育活动的开展，提供足球、篮球、排球、羽毛球、田径、乒乓球、形体、武术、游泳等课程供学生选择。

我校严格按课程标准开设音乐和美术课，开足课时，培养学生健康的审美情趣。结合尊重型办学理念，我校成立了美术、书法、合唱、舞蹈、弦乐、鼓乐、摄影等多个艺术社团。各文艺队多次在深圳文艺调演中获一等奖。

我校重视学生健康教育，坚持每年组织师生进行健康检查，定期举办卫生常识和疾病预防的讲座，定期更新卫生知识宣传栏，重视对近视眼的预防，近视眼发病率控制在3%以下。严格执行卫生条约，采取有效的措施搞好环境卫生，保障食品卫生和饮水卫生。

我校创造条件培养学生的动手实践能力，2010年5月，我校组织了"我为两会征提案"活动，学生们走街串巷，遍访百姓，了解百姓意愿，反映市民呼声，共撰写提案近1000份，吸引了两会代表多次来校调研，有许多提案被两会代表作为正式提案递交到两会，各类新闻媒体刊发的新闻稿累计近百篇。

2011年2月，我校组织了"金点子献大运"寒假社会实践活动，学生们深入社会走访调查，提炼出了610份建议，内容涵盖开闭幕式节目设计、点火仪式、场馆后期使用、交通等方面，受到大运会执行局官员高度赞誉，市内外上百家媒体、网站给予了报道。深圳《晶报》发表社论指出："这些中学生积极参与社会活动表现出来的创意与激情，让我们看到了城市灿烂的明天。"

在尊重型办学理念的指引下，我校不仅活跃着一批体育明星、艺术明星，还活跃着一批政治、经济、军事、文化、社会问题专家和一批环保先锋、爱心大使，他们对社会热点问题有着真知灼见，校园内真可谓群星璀璨。

聚焦课程，独特的校本文化拓宽了尊重型教育教学途径。

五、强化德育，新颖的形式提高尊重型教育教学成效

良好的德育文化是优质教育的重要标志，对学生思想觉悟、道德品质、意志情趣等多方面产生潜移默化的影响。我校在学生品德培养上，倡导"不比富气比志气，不比聪明比勤奋，不比基础比进步"。为提高尊重型教育的针对性和实效性，我们在德育队伍建设、德育模式推行、德育主题设计、德育学科渗透和德育科研发展等方面做了深入的探索，成效显著。多年来师生违法犯罪率为零，学生操行评定合格率为100%，优良率为97%，后进生转化率超过86%；校风优良，备受社会赞誉，多次被评为德育工作先进单位。

本着尊重的办学理念，学校突破传统的教育模式，积极构建学生自主实践型德育新模式，培养学生的主体意识，发展学生的主体能力，塑造学生的主体人格。

学校每年都召开学生代表大会，选举产生学生会，学生会干部在学生自主管理中发挥了重要作用。学校在宿舍、班级、年级、学校等四个层面建立四级学生自主管理体系，以"诚信自律银行"为载体，在卫生、三操、电教设备、仪容仪表、出勤、集会、晨跑、早读、课间操、眼操、听讲、作业、晚自习、

就寝、宿舍内务、教室卫生、食堂就餐、周末乘校车等方面开展全方位的自主管理。学生膳食委员会了解学生们对伙食的意见，及时与食堂经营方进行座谈，促进食堂、校园店改善服务。这样的自主实践大大提高了学生德育工作的有效性。

每天晚上，学校60个班近3000名学生在校上晚自习，虽然没有教师监管，教室里却鸦雀无声。周末放学时，接送大巴多达60辆，学生在车长的管理下自觉排队上车。上午课间操时间一到，学生都会有序地从教室来到操场，做起整齐的课间操。期中、期末考试，总有几个考场无须任何人监考，却没有一个学生作弊。建立并完善我校"自我教育"德育实施模式，使"自我教育"有组织、有步骤地开展，把学生培养成具有"自我教育、自我管理、自我发展"意识的人，达到"生活上自理，做人上自强，思想上自觉，求知上自学，管理上自治"。

目前学校的德育课题《寄宿制高中学生自主实践型德育模式的理论与研究》已获批为广东省德育重点课题。德育模式自主化，提高了尊重型教育教学成效。

六、美化校园，和谐的环境增强尊重型教育教学引力

古圣先哲说："近朱者赤，近墨者黑。"环境对人的影响作用是潜移默化的。学校的校园文化环境更是直接影响学生的身心成长。

我校在校园建设方面围绕环境育人、体现学校文化特色的目标，长远规划、整体部署，优化校园环境，使各功能区域的建设和谐统一、校园景观与校园文化和谐统一、师生学习生活与后勤服务和谐统一，真实体现了"以尊重的教育培养受尊重的人"的办学理念。

学校坚持围绕办学理念建设校园，校园环境和谐优美，本着"让每一面墙壁都会说话，每一片树叶都是书签"的追求，从环境科学的角度出发，对校园做出科学规划，形成了安静的学习区、洁净的生活区、标准的运动区、幽雅的休闲区。我们重视对校园进行生态化改造，对楼舍间的每一片空地都进行了精心的规划，植草种花，确保春夏有花、秋冬有绿、四季葱郁、生机盎然。在楼馆周围、走廊布设花圃绿篱，遮荫树、风景树合理搭配，整齐有序，建筑错落

有致、绿色环抱、交相辉映。

学校教学设施齐全先进，按广东省国家级示范性高中标准建设，总投资2亿元，占地面积108761.68平方米，建筑面积6.5万平方米。校园里教学区、办公区、运动区、生活区分布合理，拥有能容纳3000人的体育馆、50米标准游泳池、400米8道标准田径运动场、人工草皮足球场、标准篮球场7个、排球场2个、羽毛球场4个、网球场2个，生均体育运动占地面积11.65平方米。校园内精心设计了绿化带，环境优雅，学校绿地面积50028平方米，绿化覆盖率达60%，形成了浓郁的生态文化氛围。

学校拥有教学用房135间，其中教室60间、教辅室75间，理化生实验室、通用技术教室、多媒体网络计算机室等功能室一应俱全，还建有独具特色的历史、地理、书法、音乐、美术、舞蹈等功能教室和心理辅导室、档案室、校史展厅、开放式展厅和高清考试监控室。拥有学生宿舍楼4栋，共537间宿舍、3000多个床位。拥有2700多个座位的学生餐厅，还有医务室、洗衣房、校园店等生活配套设施。

学校建设了目前国内最先进的校园网，校园网联通了全校所有区域，并在主要区域补充了无线网络，实现了全校的无缝网络覆盖。校园网配备了数字化校园智能管理系统、视频点播和直播系统、网络阅卷系统、数字广播系统、一卡通消费系统、监控系统等应用系统。学校还为每位教师配备了电脑，分配了私有网络空间及部门网络空间，全校教职员工可在全校任意一台电脑上方便快捷地工作、交流、共享多媒体资源。学校所有教室和多功能室均配备了多媒体教学平台。平台上包括计算机、投影机、中控、功放、展示台、网络广播节点、交互式电子白板，我校是全市第一家在所有教室中都实施这一配置方案，率先实现了无尘化教学。为了保障投影效果，我校还专门配置了超短焦投影机。学校报告厅、阶梯教室、体育场馆等配置了专业灯光、音响系统，能满足各种会议、活动需求。学校拥有专业的移动导播系统，可以实时录像、实况转播视、音频到校内任意教室或办公室，配置了高清晰编辑室、录音室、虚拟演播室，开办了校园电视台。

和谐的自然环境、人文环境，增强了尊重型教育教学的引力。

我们坚信，有政府各级领导的大力支持，有全校师生的共同努力，我们一定能将二高办成一所教育内涵丰富、办学特色鲜明、学校管理规范、市民和家长满意、在市内外有较大影响和辐射作用的深圳教育新品牌。

慢，是为了追求高质量的快

——我对慢教育的思考

我曾经看过一部动画片《聪明的一休》，动画片中的主人公一休总是在一声声"不要着急，休息，休息一会儿"的静坐中闪出智慧的火花，化困难于无形。最近，我又看了一部动画片《熊出没》，里面有一个叫光头强的，总是脾气暴躁，风风火火，像猴子一样乱蹦乱跳，结果什么计划都落空。作为校长，看了这两部动画片，我想到了教育，我以为，一所学校办教育，一味追求快节奏，并不一定是好事。如今的社会存在很多急功近利的现象，一些表面上美其名曰的"高效"，实则在扼杀自然生长的过程，违背了自然规律。长此以往，很多人可能就失去了耐心和忍耐的高贵品质。在这样的环境下，学校教育也不免受到影响，产生焦虑急躁情绪，凡事追求速成。一些学校天天出新词，天天搞活动，天天做报道，天天喊口号，急于让所有人都知道自己学校取得的"伟大成就"，整个校园看不到悠闲的人，领导忙，教师累，学生苦。这就是急功近利的表现。这样的环境怎么能让校长安心办学、教师静心教书、学生专心学习？

如何让学校从忙、乱、累的怪态走向新常态？我以为，关键词有两个：静和慢。好的教育应该心态静一点儿，节奏慢一点儿。近几年来，深圳二高从六个方面开展慢教育。

一、静一点儿，慢一点儿，多给师生读书的时间和空间

眼下，很多学校似乎有一种焦虑情绪，急着出成绩，急着出名声。人生短暂，当然要只争朝夕，但成败绝不能只看朝夕，有些事情只能慢慢来，俗话说"心急吃不了热豆腐"，更何况教育容不得快马加鞭，它需要遵循教育教学规律，遵循师生成长规律。这就好比故宫修复古建筑和文物，绝不能一味催工期。工匠精神、绣花功夫的背后便是慢工出细活。

防止焦虑、急功近利，让教育节奏慢下来的良药是读书。教师提升文化修养，读书是一条捷径。如果教师没有甘于寂寞、安于清贫、锐意求索的心志，置身于物欲炽烈、思想浮躁的时代之中，实难坚守三尺讲台。苏联著名教育家苏霍姆林斯基说："无限相信书籍的力量，是我的教育信仰的真谛之一。书籍和个人藏书，对教师来说有如空气般重要。"可以说，善于读书就是每一个教育工作者成长的助推器。固此，学校要求教师读好四类书：读经典名著，增文化底蕴；读教学专著，强教学实践；读教育理论，悟学生心理；读报纸杂志，解世事风情。为鼓励教师读书，学校采取了如下措施。

1. 让师生感受，校长是阅读领头雁

在阅读方面，校长要率先垂范，努力做好师生读书的标兵和榜样。自从担任二高校长以来，我就确立了"教师发展促进学校发展"的管理理念，拿出全部的精神去发展和提升教师，并通过专家报告、读书研修、校本培训等途径，极大地促进了广大教师的专业进步，走出了一条符合师生实际、适合学校特点的教师专业成长之路，取得了显著成效。作为校长，在繁忙的工作之余，我每年的阅读量都在30本左右，读书已然成为我一种不可或缺的生活常态。同时，我要求所有学校行政人员，必须每学期阅读两本以上教育类专著，学校还专门买书赠送给行政人员阅读，如朱永新的《致教师》、汤勇的《致教育》、怀特海的《教育的目的》等。为什么要这么执着地去做？因为教师的专业成长是没有捷径可走的，如果说有捷径，那最好的捷径就是阅读。

2. 让教师明确，读书是事业的需要

我们积极倡导"与书为伴"思想，近三年来学校要求每学期每位教师必须

认真阅读两本以上教育专著。诵经典、品名著，使教师们走近苏霍姆林斯基、陶行知，重温鲁滨逊、格列佛。这既是教师专业成长的需要，也应该是我们追求和引领的一种时尚。

3. 让教师体验，随笔是成长的足迹

新课程、新高考呼唤教师的反思行为，我们对教师提出"四勤"（勤读、勤做、勤思、勤写）。学校要求教师积极撰写教学随笔，包括教后感（教学反思）、读书笔记等，促使教师对自己每天的教育、教学、理论学习、生活感悟、学生成长进行反思。在写随笔的过程中，教师们体验生活，反思自己，超越自我。

4. 让教师懂得，论坛是灵动的平台

思维的撞击能发出灿烂的光芒。教师平时忙于上课、批作业，多数是"办公室—教室"两点一线，校园里缺少思想的交流和碰撞。为此，我校专门设立"阅读中心"，配备了传统经典、教育理论、班级管理、教学实践等书籍，还有可以自由组合的桌椅，为教师们课余阅读提供良好的空间，为教师们交流阅读感悟提供平台。

同样，学生也要多读书。基础教育不可能"早出人才""快出人才"，学校教育不宜提倡竞争，人接受教育养成良好习惯，学会学习，成为有智慧的人；如果基础教育的任务仅仅是教会学生对付考试以升入高一级学校，那就无所谓"基础"，真正的教育也就没有发生。我们要营造一种静的环境，让学生多读书，在安静的学校，学生安静地学习，他们的思想在自由地飞翔。一所安静的学校，会成为学生的童年记忆、青春记忆，在未来的某个时候，他们能体会到"正常"的重要。童年只有一次，少年时期并不漫长，属于校园的青春，也只有几年，如果学校能真正安静下来，学生也许能得到他们渴望的美丽人生。为此，我们给学生更多的读书时间与空间。

我们鼓励学生去品读校园内名人读书名言牌匾、条幅，精心布置班级图书角，有好书推荐，有图书分类，有学校向每班推荐的读物，也有学生从家里带来的图书，课间随手就可拿起一本来翻阅。

我们每两周举行一次读书交流会，读书会上活动精彩纷呈，如讲故事比赛、赛诗会、朗诵会、故事会等。

我们还进行阶段性成果展示，如手抄报评比、读书笔记评比展览等，阅读交流活动的有效开展，把我校的阅读氛围进一步推向高潮，吸引了更多学生投身阅读活动。

我们还开展师生共读一本书活动，教师与学生共读一本书后，写下各自的读后感，在班级内进行交流，这种做法深受学生欢迎，有了老师的参与，学生们热情高涨，都愿意去读、去写。

一个人的精神发育史实质上就是一个人的阅读史；一个民族的精神境界，在很大程度上取决于全民族的阅读水平。我们要通过不懈的努力，给学生创造更多、更好的阅读条件，让学生爱读书、读好书，让好书伴随学生的学习生活！

教育是一项"慢"的艺术，是一项基础性的长远工作，难靠一夕之功，更不可能一蹴而就。在校长的岗位上，踏踏实实做一番事业，当义不容辞。宁静方能致远，学校发展需要持之以恒的定力。作为校长，我多给师生读书的时间和空间，这是我实施慢教育的主要做法之一。

二、静一点儿，慢一点儿，多给师生思考的时间和空间

巧妇难为无米之炊。如果说阅读量是"米"，那么思考就是"炊"。一所学校的办学，就是一个将生米完全煮成熟饭的过程。"学而不思则罔"，囫囵吞枣而成的夹生饭往往让人难以下咽。作为校长，我不厌其烦地提倡师生们多阅读，更不厌其烦地提倡师生们静一点儿，慢一点儿，多花时间和空间去思考。教育的路上固然繁花似锦，我希望师生们不仅看到似锦的繁花，还要看到一花中的一世界。

为此，学校采取了以下措施。

1. 提倡全体师生进行批注式阅读

著名数学家华罗庚认为，读书的真功夫就是"既能把薄的书读成厚的，又能把厚的书读成薄的"。两者看似矛盾，实则两者都是思考的必经阶段。把书读厚的过程就是一个批注式阅读的过程。文字或者某一个情节给我们带来的弥足珍贵的触动或思考往往都是转瞬即逝的。这个时候，我们就需要动笔进行

批注，将书读厚。作为校长，我与语文组教师一同给即将入学的新生们布置了《家》的批注式阅读任务，并将考查渗透到考试之中。在以"待到山花烂漫时"为主题的高一年级读书节中，我们对优秀的批注式阅读范例进行了展示。满满的批注如盛开的山花一般开遍了整本书，激励着学生们争相对读过的书进行批注，及时写下自己的所思所想。除此之外，批注式阅读也在不同的学科和不同的年级之间进行着。我希望师生们能够在批注式阅读之中静一点儿，慢一点儿，多给自己思考的时间和空间。思考的收获往往就在不经意之间。

2. 提倡并鼓励全体师生进行读书分享和思想交流活动

思考的结晶不经分享，永远都只是一块孤芳自赏的钻石。而观点之间的交流和碰撞可以产生极大的火花。作为校长，我以身作则，带头阅读、带头思考，同时也带头进行分享。我牵头各个行政部门定期举行读书交流会，在会上向与会的同事们分享我近期的读书体验，并与他们进行头脑风暴式的交流。同时，我也积极参与各个科组之间的读书交流活动。我校语文学科的何泗忠老师多次以其名师工作室为核心，组织多次跟岗学习活动，邀请全国各地名师到我校进行交流学习，大力促进不同区域和不同学校之间的思维交流。2019年11月25日，何泗忠老师邀请马恩来老师到我校进行"时评语文写作"的交流活动。我校师生从中受到了极大的启发。下一阶段，我校将以时评的阅读、写作和交流作为思考的驱动力，将我校的读书分享会和思想交流活动带入一个新的阶段。

3. 提倡全体师生以思维导图的形式总结知识

思考体现为对知识的凝练。若师生们能够在学习和阅读后画出一份完整漂亮的思维导图，那证明他们在近期的学习之旅中不虚此行。发出倡议后，各个学科的教师纷纷以身作则，带领学生们以思维导图的形式对学过的知识进行思考和总结。为了保证思维导图的质量，保证师生们能够准确无误地发挥思维导图凝练知识的功能，我校特外聘思维导图方面的专家对全体教师进行了培训和把关。在教师对学生的二次培训后，不少学生制作出一份份精美的思维导图，有的学生甚至发挥其艺术细胞，在思维导图上进行体现个人特色的涂鸦。我校生物和语文科组有不少教师以思维导图的形式引导学生们对学过的知识进行总结和对复杂的文章进行庖丁解牛式的分析。经过层层筛选后，教师们将精品的思维导图进行了全校展示。师生们纷纷感叹，这些思维导图不是思考的技术，而是思考的艺术。思维导图体现了华罗庚所说的"将书本读薄"的读书境界，这也是我们深圳市第二高级中学创校以来的不懈追求。

4. 提倡全体师生多写多记，集腋成裘

除思维导图活动外，我校还提倡全体教师在日常的教学工作中以教学札记、教学随笔和教学论文的形式凝练平时思考的成果。现在许多学校在教学和管理中都盲目地追求新和快，但是却忘记了牛顿的成功也是站在巨人的肩膀之上的。因此，我校鼓励教师在教学与管理工作之中慢一点儿，静一点儿，留点时间给自己进行阶段性的总结与思考，并把思考凝练成不同的文字材料，为自己与其他同事搭建巨人的肩膀。为了提高我校班主任的整体素质，学生处每个学期都会举行班主任培训班，并定期举行面向全校的德育工作会议。在会议上，与会者都以文字总结的形式进行分享和交流。会后，学生处将交流实录与交流的材料分享到学校的社群中并将其整理成册，定期进行刊印，供全校师生学习、交流和思考。

2019年，二高步入下一个十年，二高的发展也步入了一个新阶段。新高考不但意味着新的录取方式和考试形式，更意味着全新的考查方向。高考的考查不再是单纯聚焦于知识与技能，而是更多地注重对学生智能方面的考查。智能指向解决问题的能力。要培养学生的智能，那必须先培养我校教师们的智能。教师是一个日复一日做着相类似工作的职业。大量重复的工作不利于教师发挥思考的积极性。正所谓"用进废退"，没有思考习惯的大脑将逐渐变得迟钝和机械。因此，为了二高未来的发展，为了二高的新辉煌，作为校长的我以身作则，牵头举办各种思想的盛宴。2019年11月28日，我校举行了深圳市第二高级中学"三实"教育思想学术研讨会，全国各地的教育教学专家齐聚二高，与二高师生交换思想，进行头脑风暴。

静一点儿，慢一点儿，多给师生思考的时间和空间，让师生坚实地发展。

三、静一点儿，慢一点儿，多给师生交流的时间和空间

思考和交流是一对密不可分的孪生兄弟。思考的成果可以在语言和文字交流中实现其最大的价值。同时，交流的方式也是十分重要的。牛顿在伦敦三一学院授课的时候，将光学的知识架构进行了重新修订，并将这套后来成为光学经典理论的知识以课程的形式教授给学生。可惜的是，因为牛顿糟糕的授课和交流技巧，这门光学课在17年间只吸引了寥寥的几个学生来听。因此，作为校长，我并不希望自己的学生只顾着拼命地学习，而忽略了交流的重要性。在日常的教学和工作中，我经常鼓励师生们要静一点儿，慢一点儿，多一点儿交流的时间和空间。

而且，新课标和新高考也越发注重考查学生的交流能力。这里的交流并非指简单的课堂互动技巧，而是一种交换和传递思想的技能。2019年语文全国Ⅰ卷的作文题便考查了演讲稿的写作。平时疏于锻炼交流能力的学生是没有办法在短时间内写出一篇逻辑清晰、对象明确、鼓动性和现场感强的演讲稿的。

为了促进师生交流，增强师生的交流能力，学校做了如下努力。

1. 学校开设大量关于演讲交流的课程、社团和活动

在2019年11月28日举行的"三实"教育交流会上，我校的王世风老师和严菡老师精心挑选世界经典演讲《我有一个梦想》向校内外的所有专家和教师进行了展示。他们以不同的形式从"技"与"道"两个层面向学生们讲授了演讲的技巧和相关知识。学生们在众多专家面前毫不怯场，十分大胆地与老师进行交流，并且展示了自己的演讲才华。与会专家和教师都为学生们流畅而自信的交流和表达喝彩。这次的同课异构正是二高注重交流能力教育的体现。在日常的教学以外，我校也专门设置了相关锻炼交流表达能力的社团和活动。在我校部分英语教师和语文教师的精心设计下，我校开设了趣味英语社和演讲社。学生们可以自主选择参加并在其中锻炼自己的中、英文表达和交流能力。同时，学校还每周定期开展趣味英语角活动，学生们可以在活动时间内和外教们进行交流。

2. 学生之间也会自发地组织沟通与交流活动

每年，我校都会组织不同学校之间的信件互寄活动。二高的学生与其他兄弟学校学生之间以信件的形式进行相互沟通。这一活动逐渐成为二高的一项传统。学生们在写信的过程中锻炼了自己的沟通和交流的能力，也促进了不同学校学生之间的交流。收到回信的学生深刻地品尝到了沟通和交流的累累硕果。

学校每年都以金秋读书节、社会实践汇报和英语演讲比赛等活动为学生们提供一系列沟通和交流的平台，为学生们提高自身的沟通和交流能力提供尽可能多和尽可能广阔的平台。

俗话说，要给学生一杯水，教师应该有一桶水。要想培养学生的沟通和交流能力，教师应该带头重视交流，并且能主动培养自己的沟通和交流能力。对教师而言，教学是教师的主要任务，而教学又是一门交流的艺术。在专业素养方面，教师应该更多地培养自己的追问技巧，以追问的方式点燃学生们智慧的火花。对此，二高也为教师们提供了多样化的学习和锻炼平台。

在硬件层面，我校不遗余力地建设最先进的多媒体课堂录像和回放设备，为教师们提高自身的课堂沟通交流水平提供了强大的硬件和技术支持。我校信息技术中心在考务室配备了最先进的电子教学设备和实时录像回放设备。教师们可以随时借用场地进行录课，并可以在课后通过录像回放的方式全方位审视自己的课堂状态，反思自己课堂上与学生的沟通和交流是否高效，从而提高自身的课堂交流能力。另一方面，得益于我校优越的硬件设备和地理条件，二高经常被选为许多重量级教学交流和研讨会的举办地，我校教师也依托这一得天独厚的优势积极参与各项交流活动，提高自身的教学能力和沟通交流能力。随着交流活动的陆续开展，全校师生的交流氛围日益浓厚。

除了来自外部的条件和优势以外，我校教师也发挥了自身的主观能动性，积极进行师师交流和师生交流。我校以多个名师工作室为依托，定期进行图书采购，鼓励教师勤读书，并且鼓励他们以书面的形式记录读书心得。工作室定期举行读书交流会和工作心得交流沙龙，教师们在会上畅所欲言，积极与同事进行思维交流和头脑风暴。同时，教师们还积极参与到学生们的交流中去。我校积极响应新课标的倡导，鼓励学生多读书和读不同类型的书。语文科组和英语科组每周制订读书计划和阅读量，并且制定阅读大纲指导学生们进行批注式阅读。师生之间每周利用语文阅读课和英语阅读课进行读书心得的交流。在交流的过程中，师生们的交流能力都得到了提升。

在以考定教的大环境下，很多学校都热衷于快马加鞭，充分利用课堂时间多讲课和做题。在我看来，这样确实有利于短期内快速提升学生们的成绩。但是，正所谓欲速则不达，二高呼唤的是朴实、真实和扎实的教育。不积跬步，无以至千里；不积小流，无以成江海；骐骥一跃，不能十步；驽马十驾，功在不舍。作为校长，我要在有限的时间和空间中尽可能让学生慢一点儿，静一点儿，给他们交流的时间和空间。我们既要"世事洞明"，也要兼顾"人情练达"。如果一个学生有朴实的阅读兴趣、扎实的阅读能力和一套真实的交流方式，那么三年后他必定成才。

四、静一点儿，慢一点儿，多给师生质疑的时间和空间

古希腊哲学家善用辩论术求得真知，辩论的要义就是抓住辩方观点的漏洞进行质疑和反驳。质疑是人类智慧的独特表现，是开启多元文明的钥匙。纵观历史，如果没有质疑，也许我们还坚持地球是宇宙的中心；如果没有质疑，也许我们还笃信人类是上帝创造的。这些在今天看来十分荒诞的说法在数个世纪前却是神圣不可侵犯的真理。我们感谢那些勇敢质疑并不懈探寻真理的人，我们也希望这类人不只存在于逝去的历史，更要涌现在当下的社会。

中国科学院高能物理研究所研究员张双南说，目前中国科技界最缺乏的是以唯一、独立和质疑为内核的科学精神。中国人真的失去质疑能力了吗？我不这么认为。然而，不可否认的是，不善于质疑的确已经成为中国人才发展的一大短板。原因何在？追根溯源，教育需要承担一部分责任。

何为教育？作为教育者，我们每天都在和"教育"二字打交道，可是我们要以什么样的方法传授什么样的知识？要培养的又是什么样的人呢？这是首先应该想清楚的问题。在我们的教育中，尤其是在基础教育中，质疑的缺位是普遍存在的，韩愈在《师说》中说："师者，所以传道授业解惑也。"这里的"惑"当然不仅是指老师抛给学生的问题，更是指学生在学习过程中产生的疑

感。我们尊重敢于质疑、勇于发问的学生，因为很多时候，比起解决问题来说，提出问题是更加可贵的。我们启发并等待还在通往质疑路上的学生，我相信，足够的时间和空间会让他们慢慢发现质疑的果实是美丽而芬芳的。

在"三实"教育理论的指导下，我们提出"待完满"的生成性课堂。"待完满"意味着不完美与残缺，但这其实也意味着真实。"待完满"课堂反对过多的内容预设，主张知识的现场生成；反对过满的教师讲解，主张学生的主动探求；反对沉默和温顺，主张热烈和质疑。正如语文悬念教学法的首倡者何泗忠老师所言，一堂课只有存在适量的未定点和不确定性，才能激发学生填补空白的冲动和欲望。孔子说，"不愤不启，不悱不发"，当学生在不断质疑中达到"愤""悱"的状态时，教师的启发能达到更佳的效果。当然，课堂时间有限，教师不可能对学生的疑惑一一进行解答，但这并不表示学生就没有质疑的必要了。如何处理这种情况呢？还是借用孔子的一句话："多闻阙疑，慎言其余，则寡尤。多见阙殆，慎行其余，则寡悔。"这句话的意思是：要多听，对于感到怀疑的地方，加以保留，而其余足以自信的部分，则可以先谨慎地说出，这样就能减少错误。要多看，对于感到有怀疑的地方，加以保留，而其余足以自信的地方，则可以先谨慎地实行，这样就能减少懊悔。由是，毋庸顾虑课堂时间有限，大胆质疑，若是下课了，先找个本子记下来，课后和老师、同学一起讨论。我们回忆一下，在你的教学生涯中，是不是确有那么几个提出问题但却因为下课了而再没来找过你的学生呢？对此，我们一定要有意识地去强调、去鼓励。

正如巴西民主教育学家保罗·弗莱雷（Paulo Freire）所反对的，教育者不能"把学生的头脑当作积蓄现成'正确'知识的储钱罐，把学生培养为一个接收器皿"。若教育者充当的是"知识保镖"的角色，那么我们的学生将在沉默中失去质疑的能力，要知道质疑是多元性和创造性的基石。学生没有疑惑才是教育最大的困惑，学生温顺沉默才是教育最大的问题，学生人云亦云才是教育最大的失败，现代社会呼唤更多具有实证、推理、批判与发现能力的人才。因此，试着放下无形的"鞭子"，允许、鼓励学生因求知而生出质疑甚至是反对，尊重学生的质疑权，与学生形成良好的耦合互促关系，推动营造敢于质疑、善于质疑的课堂文化，真正培养一种怀疑精神和创新能力。

从另一方面来说，教育者也有质疑的本能和权利。教学无止境，教研无终点，对于一名教育者来说，质疑是教学的助推器，也是教研的动力源。

勤于质疑，从问题出发，备好课，上好课，反思课，从反思中不断精进、不断扎实，提高自我教学监控能力，提升自我的专业素质。乐于质疑，在探究问题的过程中拾取智慧的闪光点，形成研究成果。

静一点儿，慢一点儿，多给师生质疑的时间和空间，只有这样，教育才能实现良性发展。

五、静一点儿，慢一点儿，多给师生实践的时间和空间

教育不能浮于纯粹的理念层面，要浸润到真实的实践活动中。"实践是检验真理的唯一标准"，我想，实践不也正是检验教育质量的一个重要途径吗？我们的学生学得怎么样，教师教得怎么样，这都需要放到实践中去验证。所以，静一点儿、慢一点儿，多给师生一点时间和空间，让他们去尝试、去经历、去失败、去反思，最终实现古人所说的"施用累能"，在反复实践中获得并提升能力。

1. 谈一谈学生的实践

如今，快速发展的社会尤其强调素质教育的重要性，呼唤学生多元的学习能力，期待学生素质的整体提高。但现实情况是什么呢？唯分数、唯排名、唯升学的"指标导向"在中小学基础教育中依然存在，素质教育、综合教育、价值教育往往流于空谈，成了口号。由此，教育部于2017年发布的《中小学综合实践活动课程指导纲要》明确将综合实践活动纳入普通高中课程方案规定的必修课程。2019年6月，国务院办公厅印发《关于新时代推进普通高中育人方式改革的指导意见》，进一步规定，在高中课程里，综合实践活动应占14学分，约为总学分的十分之一。这就提醒所有教育工作者，教学绝不能再拘于教室与课本，要带着学生走出来，走到教室外、校外，走到市外、省外，有机会我们还要走到国外，让书本上的知识和真实的社会生活发生碰撞，产生美丽的思维火花。

为提升学生的实践能力，我校做了一系列工作：

第一，在课程设置方面，我们将实践课程纳入"三实"课程体系中。"三实"课程体系包括基础课程（国家规定课程）、拓展课程（校本特色课程）和研究课程（校本高端课程）。实践课程就属于研究课程，包括生涯规划、社会实践、汽车实训、机器人探究和创客课程等。我们开辟了独立的授课空间，如创客中心、机器人探究实验室等，由专门的教师负责，也会邀请专家到校开展专题讲座，举办创客文化沙龙，此外，还组建了相关社团，满足了学生的实践需要。明确实践活动的课程性能，引起学生对实践的重视，对提升学生的实践能力有积极的意义，重视实践课程的育人作用更具有前瞻性。

第二，在课程内容方面，我们将立德树人融入社会实践教育中。根据王阳明的观点，"知是行之始，行是知之成"，知行合一乃为善。这里的"知"是指道德意识和思想观念，一个人的道德观念是能影响他的行为的，反过来说，他的道德观念又来源于哪里呢？我想最终的源头还是实践。在寒暑假期间，我们会安排学生完成社会实践活动。学生们的选题可以是"帮扶弱势群体""大学零距离""职场面对面""金点子献大运"等。在温暖他人时，我们的学生燃起了心中的善意，在体验他人的工作时，我们的学生明白了不同工作面临的艰辛与收获的幸福。实践过程一定是比较辛苦的，但是我相信，在欢笑与泪水中，他们终将懂得什么是乐观，什么是团结，什么是坚强，什么是自信，而勤劳、善良、诚实、勇敢、感恩、奉献等美好的品质也都将在他们的心中慢慢地、静静地生根发芽。

第三，在实践过程方面，我们将时间和空间留给学生。办学以来，我们始终主张，以尊重的教育培养受尊重的人。在平时的课堂中，我们尽可能给学生足够的探索空间，给他们充裕的表达时间，我们可以等待，绝不能催促，因为揠苗助长只会适得其反。教材不应该是学生的全部世界，世界应该成为学生的全部教材，社会就是最真实的课堂，因此，在实践课程中，我们同样遵循"三实"教学理念，给予学生最大限度的尊重。从组队到制订详细方案，再到具体落实，在实践过程的每一个环节，学生都拥有充分的自主权，更多时候，教师只起辅助作用，在学生需要帮助的时候及时伸出双手。

第四，在成果展示方面，我们将舞台和话筒交给学生。实践活动的内涵是较为宽泛的，除了我刚才提到的实践过程，我认为它还应该包括实践成果展示这个环节。通过亲身参与，学生形成了一定的自我认知、社会认知，这个时候，他们需要一个舞台来展示，需要一支话筒来分享。我们不必抢做发言人，让学生去说，去感受分享带来的愉悦。毋庸置疑，这其实也是一次独特的实践活动。

2. 谈一谈教师的实践

深圳着力打造高质量发展的先行示范区，教育也应该朝着先行示范的方向发展。如何发展？我想可以先培养一支具有先进性的教师队伍。教师的先进性从哪里来？我认为首要一点还是应该沉心静气，深耕课堂。课堂实践是教师成长的必经之路、必攀之梯。

在推进教师的实践上，我们主要做了如下工作：

首先，在"三实"思想的指导下，我们建立了以名师工作室为平台，以课题研究为纽带，以五个名师工作室为依托的"金字塔"分层发展模式，教师可以根据自身情况选择参加青蓝工程、青年教师成长营、中青年骨干教师发展促进会等。

其次，我们每学期都会认真组织各种形式的公开课，如青年教师的汇报课、骨干教师的研讨课、特级高级教师的示范课等，每节课上完还要全组评课。每学期上百节的公开课，教师们在实践中不断历练，在反思中不断改进，虚心接受同行评价，仔细雕琢打磨，最终实现自我的提升。

最近，学校的微课室基本建成，我们鼓励教师去录课，做教育技术的探索者。此外，我们还支持教师积极参加各类教学技能比赛，走出学校去上课。事实证明，我们的教师通过了实践的检验，屡获佳绩。

作为校长，我既是教育者，也是管理者。其实无论是什么身份，我想，我都要做一个静待花开的人，多给我们的学生、我们的教师一点时间和空间去实践，让他们实现真正的成长。

六、静一点儿，慢一点儿，多给师生创新的时间和空间

2019年9月，一部热播纪录片《他乡的童年》聚焦各国教育，再次引发国人对教育的广泛讨论和反思。导演周轶君走访日本、芬兰、印度、以色列、英国5个国家，最后回到中国，踏上关于教育的哲学思考之旅。没有竞争的芬兰以"教养"定义人的价值，贫富差距巨大的印度用网络弥合孩子之间的差距，集体意识浓厚的日本让孩子从小平衡个人和团队……其中，曾经饱受战火的以色列深深触动了我。以色列如今有了一个新标签——"创业之国"，很多十几岁的孩子就有创业经历，但是他们认为创业不能代替上学，而是和学业并行。在以色列的文化中，"英雄"是失败了很多次，但是依然敢于再次尝试的人。

2019年，党中央将深圳定位为"社会主义先行示范区"。立足伟大时代，扎根先行特区，作为一名深圳的高中校长，我深知人才是创新最关键的因素，也牢记自己肩负的责任。于是，如何"顺木之天，以致其性"，按照人才培养规律改进教育机制，让人才发挥最大创造力，是我近年思考的主要问题。

为鼓励师生创新，我校为学生开发多元的校本课程体系，举办主题丰富的大型活动，为教师开拓广阔的比赛路径，提供新鲜的展示平台，具体采取了如下一些措施。

1. 打造创客教育名片，人人争做"创客"

"创客"一词来源于英文单词"maker"，是指出于兴趣与爱好，努力把各种创意转变为现实的人，他们既是创意者，又是设计者和实施者。创客让创新走向大众化、平民化，代表"玩、学、思、做、研"合一的全新学习理念。

2013年，我校在全国率先挂牌创客空间，成为深圳最早开展创客教育的学校，我校拥有全市最大的创客空间，占地600平方米，全套loft设计，拥有8个功能区，连续三年承办深港中学生创客营。经过近8年的发展，我校已形成一套较为成熟的课程体系：开发校本教材"爱上创客"系列；开设"基于Python的人工智能初识""创意项目设计与实践""速制智造""影视传媒"四个方向的课程；打破行政班级，让每个学生自由选课；两节连堂，给学生充足的交流和实践时间。

我校的创客教育分三个阶段：高一是普及阶段，创客是每个二高学子的必修课；高二是拔高阶段，学生通过参与社团、自主申请使用创客空间和导师指导，延续兴趣爱好；最后是参赛阶段，学校鼓励小创客们在比赛中磨炼技术、增长见识。

近几年，我校创客教育成绩喜人：2019年，7名学子在第二十届全国中小学电脑制作活动大赛中获全国二等奖和三等奖；2018年，我校创客中心选送的"智能云拐杖"和"智能语音系统"两件作品在广东省中小学生创客大赛中分别获特等奖和一等奖；2017—2019年连续三年承办深港中学生创客营；2017年举办中小学创客教育课程开发高端论坛……

2017年，国务院发布的《新一代人工智能发展规划》明确提出"实施全民智能教育项目，在中小学阶段设置人工智能相关课程，逐步推广编程教育，鼓励社会力量参与寓教于乐的编程教学软件、游戏的开发和推广"。同年颁行的普通高中新课程标准中，要求将创客教育、STEAM教育、人工智能融入信息技术与通用技术两大学科。国家政策导向证明二高这些年一直探索的创客教育与技术学科融合的方向是正确的，而且是超前的，跨学科学习是时代发展的必然。

2. 开发艺体特色课程，鼓励多元发展

2018年，习近平主席在全国教育大会上提出"要努力构建德智体美劳全面培养的教育体系"，体育、美育和劳动教育与德育、智育同等重要，不可偏废。人的精神分知识、意志和情感三部分，目前的学校教育重知识传授和道德规劝，在体育和美育方面做得远远不够。我们不但要告诉孩子们对错和善恶，期望他们未来"经世致用"，还要让他们感受美丑，享受自由，成为有个性的人。艺术和体育解放身心，是发展美育的必经之路。

我校的艺术课程包括美术欣赏与创作和音乐与舞蹈两部分。美术组已形成一套融合不同学科的课程，包括《皇权挚爱——中国古代陵墓雕塑》《品牌的力量之logo设计——校徽、社团、班徽设计》《邂逅自己——人生职业规划》《智能家居设计》《不"素"之客——创意速写》《寄情山水之留白》《独特的椅子设计》等经典课例。音乐与舞蹈课程丰富，供学生自主选修，包括感悟对唱、流行歌曲钢琴即兴弹唱、走进戏剧、艺术管理、技巧体操等。

我校开发了独特的"1+3"体育课程体系，保证学生有充足的锻炼身体时间。"1"代表每年举办一届体育节，以体育节掀起全校体育锻炼的高潮。"3"指学校体育的"3个时段""3节课"和"3套操"。学校规定每天有3个时段必须用于体育活动：早晨20分钟的晨跑、上午半个小时的课间操、下午一个小时的健体活动和阳光长跑；每个班每周必须开足3节体育课（2节户外体育课，1节室内形体课）；每天课间操时间，三个年级分别做3套操（广播体操、花样绳操和武术操）。

游泳是每位二高学子的必修课，游泳合格证与毕业证直接挂钩，确保每位学生习得这项技能和锻炼方式。我校拥有经过亚运会检验的标准游泳池，每年5月初至7月初、9月初至10月底开设游泳课，每周2节，至少学习12课时。游泳考核结果分四个等级：旱鸭子（不合格）、蝌蚪（合格）、鲤鱼（良好）、海豚（优秀）。此外，学校还提供了足球、篮球、羽毛球、排球、体能、武术等多样的户外体育课，供学生自主选择。

此外，我校还将社团课程化，师生共组建80余个社团，包括学科竞赛和培优类（如化学攀登社）、兴趣爱好类（如星空舞蹈团）和技能习得类（如清风书法社）。每周2课时，学生可在社团活动中发掘潜能、放松身心、结交朋友。发明创造需要灵感，而灵感常常来自游戏的心态。作为校长，我永远不会吝啬为师生提供丰富而宽厚的闲暇。

3. 举办大型校级活动，发挥创造才能

二高的校历，总被琳琅满目的例牌活动填得满满当当。

9月和10月，高一、高二年级"金秋读书节"启动。2019年，高一年级策划了"待到山花烂漫时——以经典致敬70周年"为主题的系列活动，包括"我与诗词"征文、"纸短情长"书签设计、巴金《家》批注式阅读展览、革命诗文朗诵和表演。高二年级举办了"三行诗"师生创作展览和"读经典浸润书香，悟名著尽显风流"之名著经典片段表演。每一年的"金秋读书节"，我们都要求师生大开脑洞、发挥创意、呈现精品。

11月，全校体育节启动。2019年校运会的主题为"我运动，我健康，我快

乐"。开幕式由三个年级的跑步入场和分项表演组成，竞赛兼收田赛和径赛、个人和集体项目。学校开门办赛，邀请家长出席开幕式、担任摄影师。运动会首日夜晚，是学生们最期待的团建之夜，学生们尽情施展才艺，在高中生活中写下特殊的一笔。

12月，艺术节闪亮登场。我校毗邻深圳市中小学艺术教育基地，占有得天独厚的优势，学生不仅可以在此上音乐、舞蹈和美术课，还可在国家级的舞台和剧场上表演。2018年，我校举办了首届高一年级合唱比赛，学生们利用音乐课和课余时间组织队形、设计动作、自主伴奏，展现千姿百态的青春之声。年终的新年联欢晚会是压轴项目，学生们各显神通，在舞台上绽放活力。2019年5月盛夏，二高学生会还会举办"校园十大歌手"比赛，给每个学生实现舞台梦的机会。

1月，"学海无涯"专业宣讲和答疑"上市"。百余名二高毕业学子回到母校，与学弟学妹面对面介绍所在大学及所学专业。还有来自不同行业的"精英家长团"他们能够更好地帮助学生们进行职业规划。另有三个分会场举办"微讲座"，更加详细地介绍热门大学的信息。

3月，校园开放日隆重开幕。2019年的开放日，我校策划了诸多别出心裁的点子。西装革履的特级讲师团"Q照"列队欢迎四方来客；采光大厅提供详细的招生咨询；阶梯教室举办中考全科学法指导讲座；家长义工团带队360度全方位参观校园；高一、高二年级推门听课……

4月，英语周如约而至。"声临其境"影视配音、英语美文朗诵、校园寻宝游戏都是每一年的保留项目，师生合作，总能擦出让人眼前一亮的智慧火花。

这些活动串起了学生们的高中岁月，也是高强度学习之余的调味品，给了学生发现自己、突破自己的契机。

4. 提供新鲜展示平台，为教师解绑开路

在学校里，教师常常扮演"幕后英雄"的角色，甘做燃烧自己、照亮他人的烛火，愿为孕育种子、养护花木的土壤，社会对教师的"刻板印象"常常是正襟危坐的道德楷模。为了给教师"松绑"，学校官微推出了"二高语录"和"二高漫画"栏目，记录教师们校园生活的点滴趣事和灵感。

　　我的朋友圈有个保留项目："酷说"（"酷"与我名字中的"库"谐音）。我把自己一天的心得用三言两语记录下来，配上随手拍的校园一角照片。学年伊始，我写下"青年人不仅要有高远的理想，还需要有攀登理想的毅力。在前往理想的路上我们需要——立德、立功、立言，衣带渐宽终不悔。"段考结束后，我思考"是用过去的知识，教现在的学生？还是用现在的知识、现在的方法，教现在的学生？"学生毕业季，我祝福："林雨堂说过，人生是一场盛宴。面对即将响起的离歌，我要说，人生是一场告别的盛宴。在这一刻，我们和上一刻告别；在这一程，我们和上一程告别。从这个意义上说，我们每个人每时每刻都在和过去的、身边的一切告别，每时每刻都在投入到新的无限可能中去！""慢教育"最早就来自我的朋友圈，逐渐酝酿成系统的计划和实践。在我这个校长的带动下，教师们也逐渐爱上了创作语录。

　　"二高漫画"推出于2018年教师节。学校请策划团队为上榜教师设计漫画形象，联系毕业学子亲自说出那些年老师煲的鸡、说的段子。这种推介教师的方式受到师生的热烈追捧，教师们在课堂之外，品尝了一把"走红"的滋味。

　　"苟日新，日日新，又日新"，创新永无止境。但是，改革不能一拥而上、一蹴而就。每个学校都有自己的特点，每个教师也有自己的风格，我提倡，师生慢一点儿、静一点儿，多一点儿创新的闲暇。

　　"十年树木，百年树人"，教育是一项长久之计。我们求新求变，但不能急于求成。若想拥有参天大树，必先提供肥沃的土壤，辛勤浇灌、尽心呵护，静下来、慢下来，等待发芽开花、硕果累累。

　　慢，是为了将教育办得更真实、扎实、朴实，慢，是为了追求高质量的快。

"三实"教育科研　助推学校发展

2015年，我担任二高校长。本人主政二高的六年，是深圳市第二高级中学发展史上极不平凡的六年。六年来，全校师生砥砺奋进，撸起袖子加油干，各项事业取得了新的成绩：

六年来，我校颁布生涯教育方案，引起社会高度关注。从生涯师资培训到成立试点班级，从生涯课程完善到生涯工具配套，从生涯资源整合到生涯实践开展，各项工作全面有序推进。其中，"学海无涯"专业答疑集市活动受到《晶报》等媒体的报道，人民网转载。学生暑假生涯社会实践成果汇报会暨首届家长生涯志愿团成立大会，得到市教科院李桂娟副院长的高度肯定。

六年来，我校师生参与全国竞赛，名师高徒载誉而归。例如，2018年全国数学联赛广东赛区，我校高三有9人冲入决赛，在10月份于广州举行的决赛中，我校高三（7）班黄诚焕、徐言同学荣获全国高中数学联赛高中组三等奖的佳绩！在5月12日举行的广东省化学奥林匹克竞赛中，我校162人参赛，125人获奖，33人获省级奖项，居深圳市第五位。在2019年9月2日举行的第32届全国化学奥林匹克竞赛中，我校钟楠昊同学荣获国家二等奖的优异成绩。在2018年4月15日结束的广东省生物联赛中，我校122人参加比赛，其中有15人获得省一等奖，16人获得省二等奖，40人获得省三等奖，获奖率高达58.2%。在5月13日结束的全国中学生生物学联赛中，我校王彦祺同学荣获全国三等奖。

六年来我校青年教师迅速成长，在各种大赛中勇夺桂冠。语文科组陈晓彦老师参加深圳市青年教师基本功大赛，以精妙的教学设计、独到的下水作文、流畅的微格教学、潇洒的粉笔板书荣获一等奖！数学学科比赛历时两个月，经过市直属初赛、全市复赛、全市决赛，石文静老师拔得头筹！邱伟洪老师在广东省中小学体育教师技能大赛中，从身怀绝技的精英选手中脱颖而出，并以一套醉拳陶醉了观众和评委，最终夺得全省第一名！

近六年，我校创客教育有声有色、硕果累累、捷报频传。我校创客教育成果作为广东省唯一代表在北京参加2018年全国基础教育信息化应用展示交流活动。在展示活动中，由高玉库校长亲自带队并介绍二高创客教育理念，获得广东省教育厅王创副厅长的高度赞扬，他对二高敢于探索、扎根实地的创客教育给予了肯定。这一年，参加广东省教育厅主办的广东省中小学生创客大赛，我校选送的两件作品"智能云拐杖"和"智能语音系统"分别获得特等奖和一等奖。

近六年，我校"三实"教育成效显著，年年荣获卓越奖章。以2020年为例，876名学生参加高考，其中3名学生闯入全省前1000名！600分以上学生共有66名，高分优先投档率实现重大突破——高达73.50%，本科率高达99.42%！其中理科纯文化高分优先投档线上线率达63.62%，首次突破60%大关。文科美术班再次达到100%的重点率！2020年，我校再次荣获深圳市高考工作卓越奖，这是我校连续11年获得这项高考工作最高奖项！

作为一所深圳市规模最大的没有优质生源的独立高中，我们之所以能取得如此优异的成绩，原因固然很多，但与我校十分重视教育科研，用科研去推动教育教学息息相关。

一、"三实"科研具有的六个特点

我们的教育科研不是"标签"，而是真实、扎实、朴实，我们的"三实"科研具有如下几个特点。

1. 规范性

我校对校本教育科研实行规范管理，以校长为组长成立校本教研领导小组，科研处专门负责教育科研管理，以年级学科组为中心建立校本教研研究小组，全体教师参与教育科研，构建了"校长—副校长—科研处—年级学科组—科任教师"的科研网络；制订了校本教研管理制度《深圳市第二高级中学教育科研工作管理制度》《深圳市第二高级中学课程改革实验实施方案》以及《三实课堂实践链式教研活动的研究与探索——深圳市第二高级中学校本教研三年发展规划》；规范了课题立项的审批、科研成果的评审、研究过程的调控，对校本课题研究做到"四定"即定人员、定课题、定时间、定目标，"四抓"即抓骨干、抓过程、抓成果、抓量化，"四查"即查实施、查小结、查进展、查记载。学校把教育科研专题及成果作为教师年度考核的一项指标，考核结果与岗位评估、评先评优直接挂钩。学校每年还根据考核结果评出"十大教育科研明星"，从精神上和物质上加以奖励。规范的教育科研管理，切实推动了校本教育研究。

2. 多样性

学校开展丰富多彩的教育科研活动，让不同学科、不同年龄、不同兴趣、不同爱好的教师都能找到自己的科研兴奋点，使学校教育科研工作常态化、多样化。目前，学校教育科研活动的主要形式有以下几种：

（1）专题讲座活动。关注教育教学改革的热点、焦点问题，邀请专家来校做讲座、做培训，开阔视野，促进反思与改进，形成新的思路。

（2）主题教研活动。从小处入手，从实际出发，研究教育教学中的具体问题，解决教育教学中的实际问题，逐步形成课题到课堂教学中去选，研究到课堂教学中去做，答案到课堂教学中去找，成果到课堂教学中去用的良好研究路径与方法。

（3）成果展示活动。这是学校年度教育科研成果的展示交流和评审活动。总结经验、提升理念、形成规律，然后加以推广应用，让教师在踏踏实实的研究中体验成功。

（4）教育沙龙活动。学校有四大学习型组织：教师阅读中心、青年教师成长训练营、骨干教师发展促进会、名师论坛，这些组织定期或不定期开展活动，开展大讨论，提炼出教育教学中的一些主要问题或经验，成为挖掘教师实践智慧，促进教师共同体成长的一个平台。

（5）校本专著出版。为教师论文、教育叙事、教学案例、教育教学故事等的发表提供一个很好的平台。专著的出版活跃了学校教育科研氛围，促进了校际交流。

（6）课题立项报告。每年一次的校本课题立项报告会，既是校本课题立项论证会，也是一次重要的校本研修。立项报告、专家点评和自由讨论，不但完善课题研究方案，也指导了教师如何做研究，推进了课题的校本化。

丰富多彩的教研活动，涉及学校生活的众多领域，各条各块的负责人、教师、工作人员也乐意借助科研的力量提升办学质量，提高工作水平。

3. 实践性

我校教育科研植根于本校教育实际，学校鼓励教师把自己在教学实践中遇到的难题、产生的困惑作为研究对象，进行立项研究。学校科研处为师生提供"问题研究"的定制服务，确立了"生成问题—解决问题—研究问题"的服务路径。2016年2月，学校向全体教师征集在教学实践中遇到的问题，要求学科组结合这些教育教学问题，进行"制约本学科教学质量的因素是什么"的讨论，帮助学科组确定了《新一代人工智能背景下的"双思维"创客教育课程开发与应用研究》《针灸机器人的开发探究》《开国领袖与国家走向之关联》《电磁辐射的研究》等十余项组内研究课题，从理论和实践的结合上开展教育科研，把教学实践与教育科研相融合，促进师生在实践中反思，在反思中研究，在研究中成长，使教师的日常教学、学习、研究成为一个不可分割的有机整体，让教育科研成为教师的一种职业生活方式。

4. 群众性

我校开展教育科研采用榜样引路、从点到面、逐渐发展的策略，大力推进走向大众的校本化、草根化研究。以课题研究为例，从初期"小打小闹"的研究，到现在渐成气候的规范研究，以立项课题为重点，带动其他课题全员研究。近几年来，我校先后开展了《寄宿制高级中学学生自主管理体系的构建》《先进信息技术条件下城市寄宿高中尊重型办学特色研究》《高中政治课教学组织形式的探索与实践》《深圳特区高级中学学生生涯教育体系的构建》《寄宿制高级中学在体育课程中进行公民素养培养研究》《基于积极心理品质培养的"阳光心育"模式创新研究》《教育信息化背景下的语文"待完满"课堂教学模式设计研究》《基于思维能力培养的原始生物学问题导学研究》《高中汉字书写现状与对策研究》《基于杜威和陶行知教育生活理论的高中"生活语文"教学研究》等十余项立项课题的研究与实验。这些立项课题的研究与实验，一方面使全校形成了浓厚的科研氛围；另一方面带动更多教师进行教育科研。研究工作渗透在日常教研活动中，努力使科研在全校形成一种制度、一种风气，形成了每一位教师都是一个研究者的良好局面，教师在教育科研中都找到了适合自己的位置。教育科研在坚持群众性基调的过程中快速走到教师身边，成为他们个人的事、日常的事、重要的事。

5. 精品性

一些学校搞教育科研只停留于对数量的要求上，缺乏质量意识，缺乏精品。以课题研究为例，只注重课题的申报和立项。表面看来，学校领导积极动员，广大教师争先恐后地申报课题，人人都有立项课题。其实，这种泡沫式的虚假繁荣背后所隐藏的是课题选择的主观性、盲目性和随意性，没有精品课题。我校教育科研工作以"要做就做精品"的志向和态度，坚持真教研，立于学校实际做教研，精心选题、精细设计、精当操作、精彩呈现、精致管理，因此，教学研究具有精品性特点，出了一批品牌课题（如《寄宿制高级中学学生自主管理体系的构建》《教育信息化背景下的语文"待完满"课堂教学模式设计研究》）、品牌项目（如创客教育、三证制度）、品牌专著（如高玉库的《三实教育理论及实践探索》、何泗忠的《语文悬念教学法》）等。

6. 持久性

教育科研贵在坚持，切忌急功近利，切忌浮躁。只有坚持才有成效。苏霍姆林斯基从一个普通的校长成长为一位伟大的教育家，就是因为他坚持写教育日记，坚持观察、思考、研究教育问题，几十年如一日。我们学校的龙头课题《寄宿制高级中学学生自主管理体系的构建》，坚持了11年，才逐步形成德育自主管理模式。

二、改变教育样态的六个方面

笔者以为，教育科研不是一项游离于学校其他工作之外的工作。学校的教育科研要突出"整合"的思想，要根据自身的实际，将教育科研与新课程的实施整合，与教师的专业培训整合，与特色学校的建设整合，与校本课程的开发整合，与学校的管理制度建设整合。具有规范性、多样性、实践性、群众性、精品性、持久性的真实、扎实、朴实的二高特色教育科研，从如下几个方面改变了我们的教育样态。

1. 教育科研丰富了二高的文化内涵

一段时间以来，有不少学校的发展比较注重外观上的变化，学校规模不断扩张、占地面积不断增加、教学大楼不断美化、教学设备不断更新。这种发展当然也是必要的，但是发展仅限于这种方式，没有自觉的、丰厚的内涵发展为支撑，就有可能流于浅薄。学校，犹如一个人，既要注重外表的打扮，更要注重内在的气质修养。一个没有办学内涵的学校，可能徒有外表的华丽和高升学率，但学生无法实现可持续发展，学校也不可能有持久的生命力。一所学校，应该有自己的独特气质，应该有自己的独特文化，应该有自己的独特内涵，这是一所学校保持核心竞争力和持久生命力的根基。

学校内涵不是飞来之石，二高建校12年，是在教育科研中不断丰富学校内涵的12年。可以说我校是在教育科研中清晰了学校定位和办学使命，也是在教育科研中明确了学校发展的愿景和战略目标。

人们常说：定位决定地位，思路决定出路。没有定位，一定没有地位！二高是一所2007年开办的学校。作为一所新办的学校，一个最重要的学校内涵就是找准自己的定位，确定自己的办学理念和发展思路。有了这样一种思路，学校决定以办学理念的系统确立为契机，建构核心价值观，形成学校的"精神之魂"，以此来增强全校师生员工的凝聚力、自信心和自豪感。

学校决定，面向全校师生、家长开展办学理念和校标、校训、校风等有奖征集活动，竭诚欢迎广大师生贡献智慧，积极参与。

经过为时两个多月的征集，学校收到了教师、家长、学生的许多优秀作品。学校还特意成立了办学理念与特色研究中心组，由校长、学校中层、教师代表组成，开展调研工作，采用查阅文献、问卷访谈、听课交流、观察现场等方式进行统计分析。我们还邀请了相关的专家、权威人士，对教师、家长、学生的建议进行分析论证，经过自下而上，又自上而下的多次往复，大家达成共识：教育的本质在于发展人、教育人，发展人、教育人是一切教育活动的出发点和归宿。基于此，我们提炼出了"以尊重的教育培养受尊重的人"的办学理念，"阳光、进取、平实、包容"的校风，"厚德精业、智慧博学"的教风，"明智笃学、诚信自律"的学风。可以说，前期调研、科学论证、确定理念，教育科研贯穿始终。

　　一所学校，能不断丰富和发展自己的办学内涵，取决于办学领导者的风格传承和时间的积淀。学校的办学理念一旦定位，就应该成为不可随意更改的追求方向，应该得到传承。然而，传承并不意味着不发展，2015年，笔者担任二高校长，深感责任重大，如何让二高进一步发展呢？笔者认为，学校发展有粗放和精细之分。粗放型发展主要把关注点汇集在标志性成果上，汇集在外在物体形态的改变上，汇集在最终目标的达成上；精细型发展秉承"天下大事，必作于细"的原则，在事关学校发展的每项工作上都应力求精雕细琢。为求发展的精细，笔者要求科研处组织召开了三次教育研讨会，在研讨会上，笔者虚心倾听、沉心思考、安心总结，最终提出了"真实、扎实、朴实"的教育思想，提出了"绿色美校、科研兴校、文化雅校、名师强校"的办学方略。事实证明，"三实"思想和办学方略的提出，让尊重理念得到了进一步的落实，正如特级教师何泗忠老师所说："三实教育思想正确地处理好了继承与创新的关系、创新与务实的关系，传统与变革并举、做大与做强并行，积极挖掘、利用、整合学校资源，将学校导入了一种新的发展境地，让学校内涵得到了丰富和发展。"

　　学校的精神文化和办学理念不是天生的，也不是某个校长或专家一下子杜撰出来的，而是源自学校深刻的教育实践，源自孜孜不倦的探索创新，源自真实体验的感悟把握。正是在这种科研活动中，学校的教育智慧得到释放，教育创意不断涌现，教育思想日趋成熟，教育精神不断丰富，教育境界不断提升。可以毫不夸张地说，教育科研的研究和引领，锤炼出了我校校园的精神文化，极大地丰富和提升了我校教育内涵，为我校实现可持续发展做出了不可磨灭的贡献。

2. 教育科研打造了二高的办学特色

学校教育是充分体现本校地域文化背景、师资水平、设施品类实际状况的教育，是在不违背党的教育方针和社会需要的前提下，实践符合个性发展规律的教育。一所学校要成为名校，创建教育特色是一条有效途径。学校特色，在初创阶段，是指学校工作某些方面特别优于其他方面，也特别优于其他一些学校的一种办学业绩；在成熟阶段，是一所学校在长期的教育实践过程中所创造和积淀下来的一种办学风格和文化传统。

然而，任何一种教育都离不开科学研究，其可行性、有效性、可操作性都需要在科学实验中得到验证，同时也可以在科学实验中得到提高。二高的"三证制度"就是在教育科研的引领下不断完善的。三证制度，即阅读证、汉字书写合格证、游泳合格证，学生在完成全部国家课程、选修课程及相关的学分后，还不能拿到毕业证，还需通过我校的"三证"关方可毕业。

"三证"

"三证"我们不是同时推出的，我们首先推出汉字书写合格证，通过教育科研，在取得经验的基础上，才依次推出游泳合格证和阅读证。而且最初，我们只是把它作为一种活动来开展，通过不断研究，最后上升到了一门课程，我们成立了阅读中心、书法活动中心、游泳活动中心，有专门的指导教师，开发出了较为完备的校本课程，"三证制度"体现了我校鲜明的办学特色。

同样，经过科学实验研究，我们决定把创客教育做大、做强。

自2012年开始，学校开展了以模型制作为抓手，以培养学生科学素养为目标的学校创客教育。通过几年的努力，创客教育科已成为学校教育特色的一个品牌，成为学生兴趣最高、投入热情最大、参加各级各类竞赛效果最好的一项教育活动。当然，在创客教育逐渐成为学校教育特色的过程中，是教育科研起了推动作用。《学校开展创客教育培养学生科学素养的实践研究》的课题研究，使学校的创客教育得以良性发展。

当初，在学生中开展模型制作，充其量是一项活动，旨在拓展学生兴趣和增加学生活动内容，因此活动的开展有随意性。通过课题研究我们感觉到，这实际上是一项很好的教育活动，或者说是一种教育行为。这种教育行为可以提高学生的科学素养。因此，我们成立了创客教育活动中心，并开发出了一系列创客教育课程，融入学校教育的课程体系之中。现在，学校已经成功申报全国教育信息技术2018年度重点课题《新一代人工智能背景下的"双思维"创客教育课程开发与应用研究》，如今，我们的创客教育在课程内容、模式途径以及评价方法等方面，出经验、出成果，已成为深圳乃至广东省中小学教育的一张名牌。

在应试教育模式下，许多学校失去了自己的特色，千校一面，千人一色，把升学率作为唯一的追求目标。当同类学校的学生每天埋头题海，为分数而无暇他顾的时候，深圳二高却在办出特色、办出风格上大做文章。如今的深圳二高，还被教育部评选为全国校园足球特色学校，成为深圳市唯一被教育部认定的国防教育示范学校，成为广东省唯一一家"人美美育学堂"挂牌学校。

经验证明，教育科研是强有力的"催化剂"。教育科研能够使学校出理论成果和实践成果，形成学校的"拳头"产品和品牌，从而逐步形成学校的优势和特色。

3. 教育科研增强了二高教师的素质

一所学校如果没有教育科研，那么这所学校的教育必将活力不足；一名教师如果不参与教育科研，那他充其量不过是一个教书匠。特级教师李海林曾撰文谈到教师的"二次成长"，他指出：一个优秀教师的成长至少由两次成长构成，起决定性作用的是第二次成长。第一次成长主要表现在行为方式的变化上；第二次成长更重要的是看问题的立场方法的重大变化。也就是说，帮助教师实现二次成长必须从教育科研着手。可以说教学与科研的结合是教师快速成长的一条"捷径"。

中小学教师的教育科研与专家学者的研究不同，专家学者的研究追求发现普遍性的原理，中小学教师的教育科研则是尝试解决实际问题。因此笔者倡导教师从如下三个方面开展教育研究：

（1）想自己的问题，从问题中找课题。教师要在现实问题中寻找突破点，对问题进行梳理、归纳、提炼，将问题课题化，将教研、科研统整到"发现问题—探索问题—解决问题"的过程上来。

（2）重视自身经验，从经验中找课题。经验中蕴含着规律，经验是成果的基础，成果是经验的提升。例如，《教育信息化背景下的语文"待完满"课堂教学模式设计研究》就是从成功的经验中寻找生长点，促进经验向成果提升的课题。

（3）关注学校特色，从特色中找课题。例如，《新一代人工智能背景下的"双思维"创客教育课程开发与应用研究》是基于学校创客特色而形成的。

在学校的倡导下，在科研处的组织发动下，二高的教师们在研究中工作，在工作中研究。有的教师上完课后，将当天的得失以个案研究的方式记录下来；有的教师听课时，记录别人的优点与不足；有的教师参加教研活动时，记录有价值的内容和感悟；有的教师周末抽出时间回顾、反思、提炼一周所见的好做法和好想法。笔者带头描述、分析、反思每天发生在自己身边的教育事件，撰写出了《慢教育的思考》《三实教育的理论探索及实践》等专著，教师们也纷纷撰写自己的课堂作品，何泗忠、戴利焰、王文雄、刘尚源、李剑林、张俊卿、高志、刘慧、周茂华、李建梅等一大批教师纷纷出版了自己的教育专著。

二高的课堂作品

"三实"教育科研，让二高每一位教师都能够做到"想自己的问题、做自己的工作、说自己的故事、讲自己的道理"，用自己的语言叙述自己的实践，从自己的实践中提炼经验，让经验上升为成果，让成果来改进自身的行动，成为"既能教学，又能讲学；既能教研，又能科研；既能仿新，又能创新；既能指导，又能倡导；既有风格，又有品格"的研究型教师。

同时针对学校教师群体中各成员的发展不均衡的状况，笔者要求学校科研处将全校教师划分为四个群体：青蓝工程、青年教师成长营、中青年骨干教师发展促进会、名师论坛，形成梯级培养模式。分层进行培训，全员提升。学校通过创造条件、搭设平台、科研引领，促使名教师向专家型发展，骨干教师尽快成为名教师，青年教师努力缩短成长期，早日成为骨干教师。

总之，教育科研增强了教师的素质。如今的二高，培养了一大批专家型、研究型教师。一支充满生机活力、年轻有为、德教双优、结构合理的师资队伍已初具规模，中学正高级教师、特级教师、骨干教师、名师、学科带头人、教学能手、教坛新秀等总人数达108人。

深圳二高九位特级教师

学校还拥有高玉库省名校长工作室、何泗忠省名师工作室、梁光明省名师工作室、刘向市名班主任工作室四个省、市级名师工作室，此外，还有十多个校级名师工作室。

教育科研是教师专业发展的助推剂，教师在研究中成长。

4. 教育科研推进了二高的课堂改革

关注实践，推动教改，是学校教育科研的根本出发点和归宿。教育科研来自教育教学实践，深圳二高科研处秉持一个教育理念：学校的课堂教学改革必须以人为本、科研为先，才能以质量立校。问题即课题，教学即研究，成长即成果。所以我们始终将教育科研植根于课堂教学实践之中，并以此推动教学改革。

二高建校13年来，教育科研一直关注课堂教学这个主阵地，从"有效教学"到"高效课堂"到"二分天下"到"三实课堂"，这些提法有变化的地方，就是对课堂教学的要求越来越高，规定越来越注重细节，但也有不变的地方，这不变的地方，就是理念一脉相承，目标一致，就是要改变课堂教学环境，以人为本，以生为本，提高课堂教学效率，以尊重的教育培养受尊重的人。课堂环境包括课堂文化、课堂教学模式、课堂教学内容。课堂环境对学生来说十分重要。学生从幼年到成年，有20年左右的时间生活在课堂环境之中。笔者认为，培育学生成人的关键是课堂文化，培育学生成才的关键是课堂教学模式，中国教育与欧美等发达国家教育的不同之处，主要不在课堂教学内容上，而是在课堂文化和课堂教学模式上。因此，我们提出"有效教学""高效课堂""二分天下""三实课堂"，主要是针对课堂文化和课堂教学模式的，笔者提出的"三实"课堂，就是真实、扎实、朴实的课堂。

2018年，我校隆重举行青年教师基本功大赛活动，教师们以"三实"课堂理论为指导，进行课堂设计，教师们所上的公开课，有一个共同的特点：教师讲得少了，学生活动多了。其中最大的亮点是学生的小组学习，在小组学习中有相互合作、自主探究、相互评价等。学生在小组学习中学会了交往，学会了参与，学会了倾听，学会了尊重他人。教师在课堂教学中导读、导思、导做，指导学生如何阅读教材，在探究问题时，帮助学生解答疑问，在学生遇到困难时鼓励学生，等等。在"三实"教研课堂武装下的我校教师，参加全市教学比武也频频获奖。仅2018年，就有陈琳、姜陆陆、周迎、钟贞、陈晓彦、石文静、王世风、刘慧、李喆、邱伟洪等老师在全市教学基本功大赛中获一等奖、特等奖。

教育科研推进了二高的教学改革。

5. 教育科研提高了二高的教学效益

开展教育科研，有助于解决教育教学实践中存在的问题，提高教学效益。教育是一种十分复杂的社会现象和社会活动，其目的不是创造某种物质产品或精神产品，而是根据社会的需要培养人、塑造人。我们要把教育对象培养成为德智体美全面发展、具有创新精神和实践能力的人。要做好这项工作，就必须讲究科学性。教师在教育实践第一线，面对教育实际工作，直接接触学生，直接参与各种教育活动，必然会遇到各种各样的矛盾和问题。教育科研活动促使广大教师自觉地钻研教育理论，并运用理论去观察、分析和研究各种教育现象和问题，逐步探索、揭示和掌握教育规律，从而提高教学效益和教育质量。我们许多教师在教育工作中积累了丰富的教育教学经验，但由于未能进行科学的总结和提炼，不能把局部的经验上升到理论的高度，不能用理论去指导自己的教育教学实践，因而在教学上不能进一步提高教育教学效益，不能实现质的飞跃。针对这种情况，笔者指示科研处，发动各个科组去深入研究本学科的教学现状，去发现本学科的教学规律，去探索本学科的教学方法，去创建本学科的教学模式。各科组在"三实"教育理念的指导下，认真教研，不断探索，形成了各自的教学理念与教学模式。以语文科组为例：语文科组认为，"三实"教育理念下的语文教学，课堂不是舞台，学生不是观众，教案不是剧本，教学不是表演。好的语文课堂，不在于教师讲得生动、形象、风趣幽默与否，而在于学生学得积极主动、快乐、高效与否。课堂应该留一点儿权力，让学生选择；留一点儿机会，让学生体验；留一点儿困难，让学生解决；留一点儿问题，让学生回答；留一点儿环境，让学生探究；留一点儿空间，让学生想象。为此，语文科组构建了悬念课堂教学模式——语文"待完满"课堂教学模式，实现了"三实"课堂学科化。

"悬念"，本是叙事性文学作品范畴中的一个特定概念。它包括两层含义：对于观众而言，悬念，是一种心理活动，指欣赏戏剧、电影等文艺作品时，对故事发展和人物命运的关切、期待的心情；对于创作者而言，悬念就是作者在安排情节和描绘人物时，到了某个关头，故意停住，设下卡子，对矛盾不加以解决，让读者对情节、对人物牵肠挂肚，以达到感染读者的目的的各种手段和技巧。语文悬念课堂教学模式，就是将这种接受心理特点和创作技巧移植到课堂教学中来，在教学过程中，在探究教学材料的语言之美、文章之美、文学之美、文化之美、人生之美的过程中，教师采用比较异同法、倒叙追问法、问题诱导法、语言节奏法、开合教材法、故意错误法等手段适时地创设悬念，构建一种期待，这种期待使学生产生一种关注、好奇、牵挂的心理状态，使教学过程成为师生不断想象、不断推理、不断思考、不断质疑、不断批判、不断发现、不断求证、不断享受的过程。通过多年实践研究，语文科组探索出了一个行之有效的悬念教学模式，就是"三悟"模式：

教师或学生从语言、文章、文学、文化的角度在课的起始、中间、结尾阶段设置悬念

民主性 双向性	悟空阶段						(循环往复，以至无穷)	反馈满足悬念

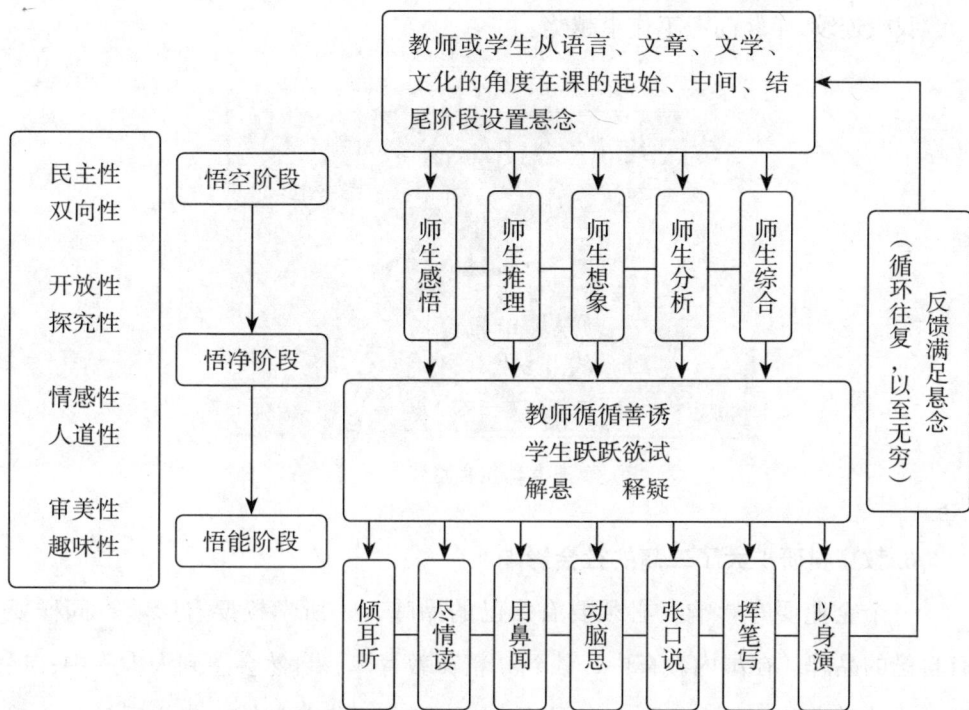

悬念教学模式（"三悟"模式）

这个模式的好处是：

（1）有利于培养学生自主学习的能力，教师为学生提供了自主合作学习和展示自我的机会，从而使学生搜集和处理信息的能力进一步加强，强化了团结协作精神及竞争意识。

（2）真正树立了学生的主体地位，教师成为学生学习的引导者、组织者、促进者。

（3）有利于培养学生分析问题、解决问题的能力。

（4）有利于鼓励学生张扬个性、展示自我、激发情趣、不断进取、始终保持积极的学习态度。

教育科研改变了学校的教学样态。

教育科研更提高了二高的课堂教学效益。近几年，二高的升学率稳步提升。我校连续9年获高考工作卓越奖。

高考工作卓越奖

6. 教育科研扩大了二高的社会影响

一个企业要有影响，必须要有自己的品牌，一所学校要有影响，同样要有自己的品牌。在国内教育中，谈到"精英教育"，自然会想到人大附中；提到"成功教育"，就会想到上海闸北八中；说起"当堂训练，先学后教"，就会想到泰兴洋思中学；提到"新课堂"，一定要看杜郎口中学；畅想"新学校"，就会联想到北京十一中学校，这些学校之所以声名远扬，就是因为有自己的品牌。然而，品牌不是一蹴而就的，而是通过教育科研，不断打磨出来的。在学校品牌建设的过程中，教育科研是最重要的支撑力量，只有坚定地依靠教育科研，学校才能打造出站得住、立得稳、响得远的品牌。我校的创客教育形成了品牌，这个品牌就是在教育科研的不断推动下形成的。早在2012年，创客之风刚刚在全球兴起之时我校便将其引到了校园，科研处提出用研究性的学习方式来开展创客教育。随着创客教育在全国的不断深入，科研处组织周茂华等老师率先开展了创客教育普及化的课程探索，最终形成了项目式创客教育模式：

判断、思考、头脑风暴、探究

管理、规划、反思、讨论

调研、采访、整理、报告

修正、反馈、展示

学生为中心

学习发动	问题驱动	兴趣导向
思考创新	解决方案	头脑风暴
自主学习	原型制作	解决问题
总结评价	项目完成	分享成果

教师为指导

设定目标、给出问题

反馈、评估

指导、分析、解惑、协助

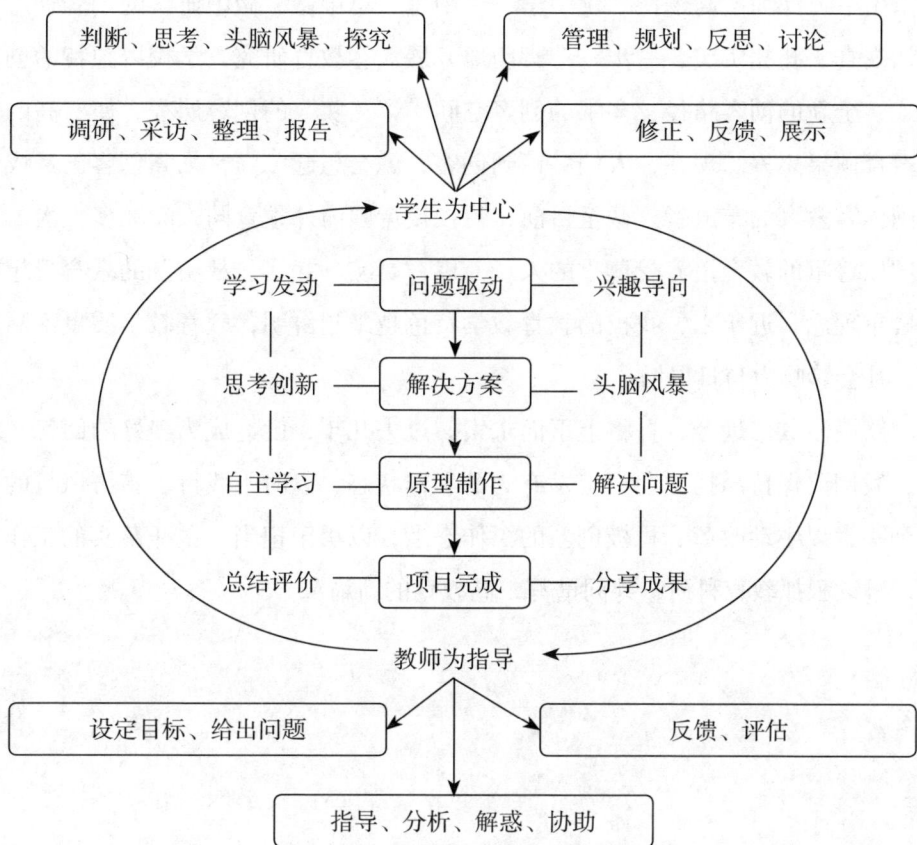

项目式创客教育模式

经过长期的探索与实践，创客教育取得了丰富的理论与实践成果：学生科技创新成果在国际、国内频频获奖。

两年来，我校连续被深圳市教育局评选出4件优秀作品参加广东省教育厅主办的广东省中小学生创客大赛，并在大赛中斩获大奖，为深圳代表队赢得荣誉。其中2017年选送的两件作品"智能气动盖章机器人"和"老中医针灸机器人"双双获得大赛一等奖；2018年选送的两件作品"智能云拐杖"和"智能语音系统"获得特等奖及一等奖。

真实、扎实、朴实是深圳市第二高级中学的办学思想。在"三实"思想的指引下，深圳二高秉持"玩中学、学中思、思中做、做中研"的创客理念，认认真真、扎扎实实、一步一个脚印地开展创客教育研究，学校以独特的创客模式、全新的创客路径、多维的创客空间、"三实"的创客课程，使二高的创客教育硕果累累。现在，人们一谈到创客，就会想起二高，二高创客已然成为中国创客教育的布道者。截至目前，我校接待国内外教育同人8000多人次，我们"以尊重的教育培养受尊重的人"，以"真实、扎实、朴实"的教育思想落实尊重理念。近年来，我校的教育教学特色越来越鲜明，教育教学质量不断提升，社会影响力与日俱增。

路漫漫其修远兮，吾将上下而求索。过去几年，已经成为美好的回忆，未来，我们要保持昂扬向上、奋发有为的工作状态，以时不我待、雷厉风行的工作劲头，以主动改革、积极创新的工作态度，以勇于担当、狠抓落实的工作作风，继续狠抓教育科研，共同谱写二高教育的新篇章。

教师和领导要转变观念

法国心理学家约翰·法伯曾经做过一个经典的实验，被称为"毛毛虫实验"。约翰·法伯把许多毛毛虫放在一个花盆的边缘上，使其首尾相接，围成一圈，但在花盆周围不远的地方，撒了一些毛毛虫爱吃的松叶，这些毛毛虫紧紧相挨，绕着花盆的边缘夜以继日地转圈，一连走了七天七夜，它们最终因为饥饿和精疲力竭而相继死去。约翰·法伯在做这个实验前曾经设想：毛毛虫会很快厌倦这种毫无意义的绕圈而转向它们比较爱吃的食物，遗憾的是它们并没有这样做。后来，科学家把这种喜欢跟着已有路线行走的习惯称为"跟随者"的习惯。

其实毛毛虫的这种"跟随者"的习惯现象也存在于学校的教育生活中，有的教育工作者习惯于固有的思维模式，习惯于现有的工作状态，习惯于周而复始的重复。这种"跟随者"的习惯左右着他们的教育教学，使他们习惯于走传统教育的老路，做传统习惯的"跟随者"，不能及时地调整教育教学的方向，使我们的教育教学工作总是原地踏步。师生合作教学，是一种有别于传统教育教学的崭新教学形式，要和谐师生关系，实现师生合作教学，我们教育工作者就必须改变"跟随者"的习惯，打破传统教育思维，树立新的教育教学观念。首先，教师要在如下几个方面树立新的观念：

一是民主平等观念。民主平等观念是和谐师生关系、实现师生合作教学的重要前提。师生合作教学，强调学生积极主动地参与，确立了学生在教学中的主体地位，而学生主体地位的实现要依赖民主平等的师生观。教师习惯于只有自己讲的权力，没有学生问的权力，师生关系不和谐。为了和谐师生关系，实现师生合作教学，我们必须树立一种民主平等的师生观，营造一种民主平等的师生交往环境。在家长制的环境中，不可能实现师生合作教学。

二是正确的教学观念。传统的教学观，把教学看作教师单边的活动，教师滔滔不绝地讲，学生静静地听，只注重学生知识的增长，而缺乏对学生个性的关注。如果不改变这种传统教学观，那么，在教育教学过程中，教师就会过于强调严整的纪律，尊崇鸦雀无声的课堂秩序，注重集体的整齐划一，有意无意地视个性、不一致为出风头、出格，那么，师生关系就会紧张，就十分不利于师生合作教学。我们必须树立正确的教学观，变单向的传输为双向的交流，变纯粹的理性教学为情知交融的教学，把教学看作师生生命的一段历程，是师生个性展示的过程，这样就能和谐师生关系，就有利于师生合作教学。

三是正确的人才观。在许多教师眼里，"人才"与"学习好"几乎已经画上了等号。韩愈说："闻道有先后，术业有专攻。"有的人不善于学习数理化知识，但善于学习音乐、绘画、体育、社交、机械制造等知识，并在这些领域中取得了突出的成绩，他们同样是人才；有的人不擅长"博"而擅长"专"，如苏步青、马寅初、三毛，还有陈景润等，他们已成大家公认的人才。美国哈佛大学教授、著名心理学家霍华德·加德纳就提出了多元智力理论。他把人的智力分为言语——语言智力、逻辑——数理智力、视觉——空间智力、音乐——节奏智力、肢体——动觉智力、自知反省智力、交往智力、自然智力。学习好，主要以考试成绩作为依据，而考试又是侧重于言语语言智力和数理逻辑智力，而忽略了对其他智力的考查，因此其他智力强的人，很难被认为是人才。然而，社会需要的人才是多方面的，"三百六十行，行行出状元"。因此，作为21世纪的教师应当树立科学的人才观，不能片面地把人才与"学习好""高分"等同起来。如果把"人才"与"学习好"画上等号，学习好就是人才，那么，就会使有其他特长的学生在学校得不到良好教育，失去学习的兴趣，不利于师生合作教学。

四是要有正确的学生观。当今的教师，多半是《西游记》中唐僧式的人物。唐僧去西天取经，有三个徒弟，其中，大徒弟孙悟空最聪明、最有个性，二徒弟猪八戒也有些个性，也有些小聪明，最没个性的就是那个沙和尚，唐僧怎么说，他就怎么做，最听师父的话。因此唐僧与沙和尚，基本上没有产生什么矛盾，而与最有个性、最聪明的孙悟空的矛盾最多。孙悟空的一举一动一旦不符合他的想法，唐僧就要制止他，甚至要念紧箍咒来制约他，甚至把孙悟空赶回花果山。他要千方百计地把孙悟空也变成沙和尚式的服从性强的人物，在唐僧的心目中，在他的潜意识里，沙和尚才是他最好的徒弟。教师的内心深处，也有唐僧意识，我们往往喜欢那些听话的学生。有一所学校，评出来的"十佳学生"，十个里面，有九个是女生，因为女生听话一些；还有些学校，有些教师，以考试成绩作为区分优生和差生的唯一标准。对以上这种传统的学生观，我们应明确两点：第一，我们所面对的学生已经不再是从前那种教师说向东而不敢向西的沙和尚式的学生了。生活方式的多元化和获取知识渠道的多元化，使学生日益早熟，同样年龄段的学生，一代比一代更有个性，一代比一代更深、更早地认识社会。他们有自己的思想、自己的观念，喜欢独立思考，他们接触到的新生事物甚至比教师还要多，接受的速度也比教师快。第二，我们认为的差生未必以后也差，因为划分差生的标准是人为的，有的学生以这个标准划分是差生，以另一标准划分却不是；也因为人是发展的，今天是差生，明天却会令人刮目相看。有不少所谓差生，走出学校，却为人类的发展做出了巨大的贡献。在2000年一次学术报告会上，杨振宁教授曾经大胆地指出："美国之所以经济发达是因为美国的学生考试不及格。"这话令人听起来不舒服，但有一定的道理。因为考试主要是考一些通过记忆就能解决的问题，尤其是标准化考试题，记得越准，记得越牢，学生就考得越好。推动历史还需要创新精神与实践能力，那些忙于去背诵答案的人，哪有时间去创新、去实践呢？人的思维是有惰性的，在学校习惯于背诵解题的人，久而久之，可能会形成定式思维，以至于不能跳出框框想问题，不愿意去自己思考问题了。然而，正如美国第一位诺贝尔物理学奖获得者劳伦斯所说："在科学工作中，创造性思想要求看到以前未曾看到的东西，或者采用以前未曾想到的方法。这就需要从'正常'的地方跳开并冒脱离现实的风险。"爱迪生、爱因斯坦就是这样的人。因此，做教师的，要改变学生观，如果以听不听话，以当前的成绩论英雄，那么，在教育教学过程中，就会压抑学生的个性，抑制学生的创造性。

教师要转变观念，学校领导更要转变观念，这样，教师才能放开手脚，才能放胆去实践师生合作教学。

有一则校园幽默：开学第一天，校长在校园里巡视，他听到从一个教室里传出很大的声音，校长冲进那间教室，看到一个身材高大的男生，正在与其他学生说话，他抓住那个男生，把他拽出教室，命令他站在走廊上。校长回到教室，命令其他人安静下来，然后在班级里发表了一番关于守纪和尊师、老师讲话不要插嘴的训话。半小时后，校长说："你们还有什么问题吗？"这时，一个女孩羞怯地站起来："校长，可以让我们的老师进来了吗？"

这虽是一则校园幽默，但仔细想来，却反映了一个严肃的问题，在传统的观念中，教室里只能有一个人发出声音，这就是老师；其他人，也就是学生，只有端端正正坐下来，听老师讲课的份儿，这就是尊师守纪。我们应该转变教育观念，我们的课堂，不应该只有一个人发声，不应该只听到教师的声音，还应听到学生的声音，听到各种各样不同的声音。教室，不仅仅是教师"教"的"室"，还是学生"学"的"室"，在新时代，甚至还是学生"教"教师的"室"，教师向学生"学"的"室"，这样，师生关系就会和谐，我们的课堂教学，才是真正的师生合作教学。

匆匆十年　心中有您

尊敬的吴市长、各位领导、各位嘉宾、各位校友、老师们、同学们：

下午好！

今天，群贤毕至，高朋满座，我们怀着无比激动和喜悦的心情，回顾十年创新教育的成果暨庆祝深圳市第二高级中学建校10周年。在此，我谨代表全校师生员工，向出席今天庆典的各位领导、各位嘉宾，向曾经在二高这块热土上辛勤耕耘的老领导、老同志，向热情关注、支持母校教育事业发展的历届校友及家长表示热烈的欢迎，并致以衷心的感谢和崇高的敬意！同时向全校师生员工致以节日的祝贺！

古语有云：十年磨一剑。十年间，二高人一直将"育人"放在心上。

二高的十年，是不断优化办学环境的十年。战国时期著名思想家荀子在《劝学》中提道："君子居必择乡，游必就士。"他认为环境对人有重要影响，有利于学习的环境，可以使人远邪近正，修身立德。校园是有生命的，校园的自然环境和人文环境，对孩子的影响是潜移默化的。"忆往昔，峥嵘岁月稠"，2007年，对于深圳二高来说，是永远难忘的一年，为缓解高中学位紧缺，为满足人民群众对优质教育的迫切需求，深圳市委市政府决定，在南山西丽创办一所现代化学校，深圳二高就这样应运而生了。二高首任校长邓世平先生带领第一批拓荒者来到这里，他们夜以继日、争分夺秒，从2007年3月学校筹备组成立到9月顺利实现开学，仅用了不到半年的时间就高质量地筹建开办了一所从零开始的现代化寄宿制高中学校。二高在艰辛中起步，在竞争中发展，在挑战中卓越。十年前这里是荒山连成片，黄土飞满天，今天您走进二高，鸟鸣悦耳，树木葱茏，茂林修竹相互辉映，亭台连廊、水池喷泉相映成趣，秋春冬夏繁花似锦，晨昏朝暮书声琅琅。整个校园形成了一幅人文景观、园林景观、生态景观的立体绿色画卷，二高成了莘莘学子读书生活的好地方。当年艰难的创业经历已成为二高人宝贵的精神财富，凝练出阳光、进取、平实、包容的学校精神，和谐、疏朗、博大、自由的办学环境，让师生诗意地生活在校园，诗意地栖息在校园这片美丽的土地上教书、学习、成长。

二高的十年，是不断继承创新、开拓进取的十年。《礼记·大学》中说："苟日新，日日新，又日新。"我们从管理、育人、教学等各个层面不断地进行继承创新。十年探索，十年创新。育人、教学是学校的中心工作，我们深知，课堂是学校发展的生命线。从根本上说，有什么样的课堂，就有什么样的教育，有什么样的教育，就能培养出什么样的人才。课堂，决定孩子与国家命运的未来。为此，学校确立"以尊重的教育培养受尊重的人"的办学理念，提出了"君子风范、家国情怀、身心和谐、健行美善"的育人目标（君子风范：强调人格塑造；家国情怀：强调责任担当；身心和谐：强调全面发展；健行美善：强调实践精神）。我们认真研究，积极探索符合我校实际的教学理念，寻找最契合我校发展的教育教学模式。从"有效教学"到"高效课堂"，从"二分天下"到"三实课堂"，从"尊重教育"到"三实教育"，每一步都迈得这样坚实。"三实"教育，实现了教育本质"向人"的回归。

二高的十年，是不断加强师资队伍建设的十年。已故清华大学校长梅贻琦曾说："所谓大学者，非谓有大楼之谓，有大师之谓也。"大学如此，中学也应如此。我们深知，一所学校的质量不是反映在一幢幢壮观的校舍上，而是反映在一代代教师的质量上。办学校，要靠教师，教师的水平，就是学校的水平，教师的精神，就是学校的精神，教师的人格，会影响学生的人格，为此，学校把"厚德精业、智慧博学"作为教师终身的职业追求。十年来，我校通过多渠道、多措施促进和引领教师专业成长，构建了青年教师成长营、中青年骨干教师发展促进会、阅读研究中心、名师大讲坛等教师发展平台，这是一个金字塔形的教师成长机制，通过这样的机制，二高教师迅速成长。学校形成了一支功底深厚、敬业奉献、积极进取的高素质教师队伍。

二高的十年，是不断促进学生成长的十年。"桐花万里丹山路，雏凤清于老凤声。"培养"身心健康有活力、勤奋进取有理想、基础扎实有特长、终身发展有潜能"的人，已成为每一位教职员工的行动共识。二高十年坚持全面贯彻教育方针，努力实施真人教育，创造了骄人的办学业绩。高考成绩稳定，快速进步、提升，连续七年荣获高考工作卓越奖。在国家课程体系中努力开展"三实"教育改革，同时以创新精神大力开发校本课程，先后开发了尊重型德育、阳光体育、批判性思维、机器人、创客等校本课程。创客教育更是饮誉全国。我们实行"三证"制度，凡来二高就读的学生，一定要拿到阅读证，以促使学生广泛阅读，增加学生的文化底蕴；一定要拿到汉字书写合格证，以促使学生写一笔好字，了解中国文化；一定要拿到游泳合格证，让学生练就一个强健的体魄，懂得生命的意义。先进的办学理念，促使学生全面优质发展。十年间，学校先后有1000多名学生考取清华、北大、中大、复旦、南方科大等国内985、211高校，本科率已达到98%左右，2016年844人考入本科，为直属学校中本科人数最多，重点大学达线率已接近50%。

邱键庭同学发明的"短周期数字地震计"在第24届广东省青少年科技创新大赛中荣获一等奖和专利申请奖，并代表广东省参加全国青少年科技创新大赛，又荣获全国茅以升科学技术奖和先导科技创新奖。

2015年，我校骆文熠同学参加全国中学生田径锦标赛，荣获100米赛跑冠军，以10秒45的成绩获得"运动健将"称号。

2016年，我校毕业生孙泽宇在全国青年创客大赛上荣获冠军并获得了1000万元的创客资助资金，在全国引起强烈的反响。

十年间，二高开展的一系列大型社会实践活动，更是让二高声名远扬。"我为两会征提案""关爱行动""发现深圳""中学生文化创意慈善拍卖""金点子献大运""地球一小时"等活动在深圳、广东乃至全国都引起强烈反响，新华社、《光明日报》、新华网、《南方都市报》、新浪网等60多家国内主流媒体对以上活动进行了专题报道。

学校是什么？苏联教育家苏霍姆林斯基曾说："学校就是当一个人走出校门时，能成为一个有教养的人、独立思考的人。"学校是为学生成长、成人、成才服务的地方。千千万万的父母，把他们的孩子交给了学校，交给了老师，多年以后，我们将还给家长一个怎样的孩子？十年来，我们给社会、家长交了一份满意的答卷。

二高的十年，是不断赢得社会声誉的十年。"郁郁桃李满华夏，耿耿星河耀鹏城。"二高的十年是二高人艰苦创业、备尝艰辛的十年，是经受风雨考验、冲破重重困难的十年，也是高歌猛进、创造了辉煌业绩的十年。二高以人为本的管理策略，团结和谐、积极进取的校园文化氛围，优秀稳定的教育教学质量，得到国家、省、市政府部门的一系列表彰：

骄人的办学业绩，赢得了社会、家长的广泛赞誉，我校被上级领导称赞为"深圳优质高中教育最大的增长点"和"深圳教育的新品牌"。

十年风雨沧桑，自强不息；十年锲而不舍，追求卓越。二高人一步一个脚印，一年一个新貌，一届一个新台阶，以自己的实践获得了沉甸甸的教育成果。

岁月如歌，盛世相约。二高的过去值得我们怀念，二高的现在值得我们珍惜，二高的明天值得我们去开创。

二高美如玉，十年成大器。

请领导相信：昨天的二高是一首小夜曲，优美动听；明天的二高会是一首交响乐，旋律更加豪迈，节奏更加昂扬。

请家长放心：昨天你目送一个神采飞扬的少年迈入理想的殿堂，明天你收获的将是儒雅的绅士、高贵的淑女。二高人将用永恒的关心、爱心、真心，为孩子的未来储能，为孩子的青春加冕。

二高的所有同人们：你们用一身正气厚德精业，铸魂平凡讲台，用自己的无怨无悔为二高的辉煌奠基，你们是二高最美的风景，请允许我向你们致以最崇高的敬意和最诚挚的谢意。

各位同人，面对未来，让我们撸起袖子加油干，为将深圳市第二高级中学建设成一个师生成长的乐园、精神的家园、文化的圣园而努力。

最后我衷心祝福各位领导、各位来宾身体健康、工作顺利！

祝福各位朋友、各位校友、各位老师阖家幸福、万事如意！

祝福二高学子及所有的孩子们快乐成长、天天进步！

让我们一起祝福二高的明天更美好。

谢谢！

2

第二篇

化作春泥更护花

——教师要做人类灵魂的工程师

身为教师，我具有极大的力量，能让孩子们活得愉快或悲惨，我可以是制造痛苦的工具，也可以是启发灵感的媒介，我能让人开心，能伤人，也可以救人。

——美国心理学家基诺特

做一个淡泊名利的教师

我曾经看过著名漫画家朱德庸的一组幽默漫画《我从十一楼跳下去》：一个人因为对生活绝望，于是从十一楼跳了下去。在下降的过程中他经过每个楼层的窗户，看到了十楼的恩爱夫妻在吵架，九楼那个坚强的男人在哭泣，八楼的美女发现未婚夫和别人在一起……三楼的老大爷坐在窗前在盼着有人来访，二楼的女人捧着刚结婚半年就失踪的丈夫的照片发愣……

这时，他才明白：在从十一楼跳下去之前，他以为自己是世界上最倒霉的人，可看到他们之后，才觉得自己其实过得还不错！

漫画最后有这样一句话，古人明训："活在当下，知足常乐！"

诚然，教师的社会地位还不太高，教师的收入还不够丰厚，但我们毕竟还是比上不足比下有余的，我们应该学会知足。

我是从黑龙江来到深圳的，每年工资收入比以前多了几倍，我已十分满足。我现在要求自己摒弃一切私心杂念，一心一意投入到学校的管理与教学工作之中，只为办好一所学校。

记得《庄子·达生》篇里有这么一个故事：有一个鲁国的木匠名叫梓庆。他能"削木为鐻"。"鐻"是古代的一种乐器，上面雕饰着各种猛兽。梓庆做的鐻个个美轮美奂，上面的猛兽栩栩如生，看见的人都惊讶无比，赞叹其鬼斧神工。梓庆的名声传到鲁国国君那里，鲁侯召见梓庆，问他做鐻的诀窍。梓庆很谦虚地说："我一个木匠，哪有什么诀窍？只是在每次做鐻前，先要去斋戒。斋戒的目的是'静心'，让自己的内心真正安静下来。斋戒到第三天的时候，我就忘记了'庆赏爵禄'，什么庆贺、受赏、封功等都从我脑中去除了，也就是我忘掉了'利'；斋戒到第五天的时候，我就忘记了'非誉巧拙'，别人对我是毁是誉，说我是巧是拙，我都不在乎了，也就是我忘掉了'名'；到第七天的时候，我就忘却了'四肢形体'，也就是说，这时我达到了忘我之境。这个时候，我就进山了。进山以后，用心察看树木的形态、质地，寻到最合适的树木，仿佛一个成型的璩就在眼前。然后我就把这个最合适的木材砍回来，顺手一加工，它就成为现在的样子了。因此，我做的事情无非叫作'以天合天'罢了。"

这个故事充满哲理，耐人寻味。如果从教育的视野来看这个故事，它告诉我们，一个人要把教育工作做到最好，就要忘利、忘名、忘我，专心致志，一门心思做事业，才能达到"以天合天"的境界。

作为一位校长，一名教师，我不仅要求自己，同时号召全校教师学习木匠梓庆，斋戒沐浴，忘记名利，潜下心来，心无旁骛，不断探究学校办学和教学的真谛，久而久之，办学水平和教学水平就会与日俱增，渐次达到"以天合天"的意境，实现内容、学生、教师三者的"教学合一"，就能达到师生和谐、师生合作教学的完美境界。

教师要尊重学生的个性

要使所有学生享受学习，有学习的乐趣，我们就必须尊重学生的个性。马克思在论及文艺作品的风格流派时曾说过这样的话："我们不会苛求自然界中的紫罗兰与玫瑰花放出同一种芳香，又怎能叫文艺作品仅有一种风格？"作为万物之灵的人，我们就更没有理由用同一标准去衡量学生，没有理由将他们造成一个模式的"清一色"的产品。裴斯泰洛齐认为，教育的最终目的"在于发展个人天赋的内在力量，使其经过锻炼能尽其才"。人类潜能在个体的身上有相同的部分，也有相异的部分，人的价值更多地存在于相异潜能的开发中，因为相异的潜能往往是个体的优长天赋所在。"人生天地间，各自有禀赋。"（陶行知语）每一个学生都有独特的个性，都有他的长处和短处，不能用一个尺子去衡量。已故著名电影导演谢晋回忆自己的学生时代时说，他对数学的概念极差，害怕学数学，成绩一直不好。然而，他学历史、地理的成绩极好，常常得满分。父亲希望他报考交大，他却去重庆上国立剧专。这使父亲大为失望，可是他却学得如鱼得水，成绩名列前茅。毕业前夕，老一辈戏剧家黄佐临从上海发信指明要他去，从此他踏入了影剧界。假如他当初报考交大，由于数学成绩欠佳，可能不被录取，即使录取了，学习兴趣不高，也难以发挥他的特长，今天，肯定少了一位驰誉国内外的导演。谢晋说，每个人都有其个性，有其独特的生活经历，大一统是培养不出个性与人才的，也不会使学生有学习的乐趣。苏联著名教育家苏霍姆林斯基说过，应当在广泛的领域内让学生施展长处，如果只用分数这一把尺子量人，则会把许多有才能而又有自尊感、自信心的学生弄得抬不起头来，使他们害怕学习。他的话很有道理，学校教育成功的全部秘密，在于把学生的个性差异视为财富。中学课本中曾有一则寓言：两个学生跟老师学下棋，一个很认真，细心揣摩下棋的一招一式；一个心不在焉，被窗外叽叽喳喳的小鸟所吸引，常常对小鸟做出射箭的姿势，屡教不改。结果认真的学生成为有名的棋手，开小差的学生一事无成。如何解读这个故事？大多数人说，这是在教育学生学习要专心致志。但我认为，为什么不让喜欢射箭的孩子学习射箭？也许他能成为这方面的高手呢！学校应该为这些"喜欢射箭的孩子"搭建舞台。现在我们学校在教学改革中迈出新步，改变统一模式培养人才的方法，开设各种各样的社团，尊重学生的个性，评出"小小数学家""小小文学家""小小电脑专家""小小社会活动家""小小表演家"等，使学生争优冒尖、发展特长，使每个学生都享受到学习的乐趣，这十分有利于学生成长。

创设问题情境　激发学生好奇心

好的课堂提问能增进师生、生生之间的交流，激发学生的学习兴趣，启迪学生的思维，培养学生分析问题与解决问题的能力。然而，个别教师的课堂提问从语言、时机、内容到过程等诸多方面，存在泛泛而问、不切学生实际、效率低下等问题，有的课堂甚至出现无效提问，大大挫伤了课堂上学生自主探究的兴趣和积极性，很显然这种状况对于和谐师生关系，实现师生合作教学都是不利的。

从教30多年，我每年都要听几十堂课，总的感觉是：过去，我们的课堂教学，很少创设问题情境，课堂习惯于教师滔滔不绝地讲，学生只是睁大眼睛，张开嘴巴听，教与学缺乏联系，信息传输单向化，这是明显的师生不合作教学。现在，我们的课堂多了问题意识，课堂提问多了，这是民主教学的体现，对于和谐师生关系，实现师生合作教学自然有利。

古人云："善问者如撞钟，小叩则小鸣，大叩则大鸣，待其从容，然后尽其声。"不同学生的学习情况、个性都有差异，教师所提的问题，要根据学生的认知水平，量体裁衣，分层设疑，忌百人一问。例如，把复杂的问题分配给成绩较好的学生回答，而把简单的问题分配给成绩差一点儿的学生回答，这样就能照顾到不同水平的学生的需要，满足各种层次学生的学习欲望，不失时机地给各种层次的学生创造表现自己的机会，让每位学生都能参与讨论老师的提问，提高他们的学习兴趣，从而最大限度地提高课堂教学的整体效益，最大限度地实现师生合作教学。

一些名师，都是十分善于提问，十分善于创设问题情境的。例如，著名特级教师于漪，有一次在教《孔乙己》时，她首先就提出一个问题："孔乙己姓甚名谁？"学生感到非常奇怪，难道孔乙己不叫孔乙己吗？学生带着好奇的兴趣去研读课文，终于发现孔乙己没有名字。之后在此基础上，于漪老师因势利导地使学生认识孔乙己没有名字的原因及其深刻性，很好地实现了师生合作教学。著名特级教师钱梦龙先生在执教《愚公移山》时，十分善于提问。有两个典型的范例：一是"愚公年且九十"的"且"字，钱先生没有直问其意，而是问："愚公九十几岁？"学生稍感疑惑之余，顿悟"且"为"将近"意，愚公还没到九十岁，只是将近九十。二是"邻人京城氏之孀妻有遗男"的"孀"字与"遗"字，钱先生也没有直解其意，而是问："邻居小孩去帮助愚公挖山，他爸爸同意吗？"这样就使"孀""遗"二字之意迎刃而解。

　　高层次的师生合作教学，往往创设问题情境，所设问题，激发学生好奇心、求知欲，这种好奇心、求知欲，即使是走出了课堂，走出了学校，仍然保持着，引导学生终身去探寻科学的真谛。报告文学《哥德巴赫猜想》在谈到陈景润是如何在心底里埋下要解决"哥德巴赫猜想"这道数学难题的种子时，说陈景润在上初中的时候，他的数学老师讲数学、讲数学史时，一次，讲到了德国的一个数学老师哥德巴赫提出了一个猜想，这个猜想了不起。了不起到什么程度呢？自然科学的皇冠是数学，数学的皇冠是数论，而这个猜想则是皇冠上的明珠。徐迟（《哥德巴赫猜想》的作者）写到这里说："同学们一个个惊讶地瞪大了眼睛。接下来老师说：'同学们，我昨天晚上做了一个梦，梦见我们当中的一个同学还真了不起，他解决了哥德巴赫猜想呢。'整个教室的学生'轰'的一声，都笑了，唯独一个学生没有笑，他就是陈景润。他被老师提出的问题深深地打动了。"从此，陈景润对哥德巴赫的猜想产生了极大的兴趣，并决心要摘取这数学皇冠上的明珠。这个老师的课，就创设了问题情境，激发了学生的好奇心，在教育教学过程中，真正实现了师生合作教学，而且是一种高层次的师生合作教学。大教育家第斯多惠说过："教学的艺术不在于传授本领，而在于激励、唤醒、鼓舞。"师生合作教学正需要这种激励、唤醒、鼓舞的本领，去创设问题情境，去激发学生的好奇心。

德育的智慧

——在学校第二届德育研讨会上的讲话

各位老师，下午好，刚才一直在听，感触很多，老师们讲得很好。我记得去年的6月25日，应该是这个日子，也是在同一个地方，我也是站在同一个位置，召开了我校第三届教学研讨会，主题是"三实"课堂及"三实"教学。学校发展了十年，我想，学校离不开这两个主题，一个是教育德育，一个是教学。两个问题归结到一起就是教育的问题，也就是如何把握教育的方向与方法，对我来说就是"三实"教育问题。今天召开德育研讨会，就是研讨用"三实"理念做德育工作，研讨培养什么样的人的问题，怎样培养人的问题，为谁培养人的问题。

德育是学校的主要和重要工作，将其放在首位是没有异议的。德育是什么？每个人的定义不一样，我想德育就是每个人的心中普遍认同的，存在于我们的身体中，流淌在我们的血液中，一种向上的动能与力量，就是我们教育者该给予孩子们的，认识世界、了解世界、融入世界、造福世界的能力。它应该是我们成年人和孩子们所有能量的来源。做什么事，靠什么来指引，靠什么来导向，这是德育工作的入手点。把事情做好，让绝大多数人所认可，我想这就是德育工作的基调。所以我一直说，德育与教学可以比喻成人的两条腿，缺一不可。有的时候，一个人道德水准很高，但其学识、涵养修养却有一定差距，这也说明，一个人能达到两条腿平衡，是人们所希望的标准。

上午，五位同志在此发言，每个人的发言大家都能感觉到，他们的用心、他们的视角都给我们很好的启发，都是智慧的结晶。

你看赫主任，他虽然代表我们做了十年的学校德育工作，但在这十年中，实际上我们每个人的每一步都有我们的汗水、我们的努力，最后形成我们的结晶。这其中肯定有不完美，但是我们融入了这里，形成了这个十年的二高的德育理念——尊重的文化。

接下来，向勇主任，他说要敢于面对问题，我们才能去思考。他说，会发牢骚是最简单的德育工作，我们要是发牢骚，那是最简单的了，最简单的就是发牢骚，最简单的就是推诿，最简单的就是埋怨。需要的是什么呢？是思考，是反思，是实干，是为了学生的成长做一些努力。所以向勇主任，我觉得他在这个问题上，给我们很好的借鉴。

拉下来的刘向老师，大家能感觉到，他对班主任有一个非常清晰的定位。就是我们对上面的制度是如何理解的，班上的学生如何认定你的管理制度和你如何认定你上级的管理制度，是一脉相连的。如果当时你没有想到这个环节的话，你就想，为什么很多学生不认可我，这就是我们教育的难点，如果我们所有的方式没有融到一起，那么这个教育就很难实现。我记得刘向老师说了一句话，如果你对学校制度还没有认同，那么学校制度的目标是什么，是帮助班主任、帮助学生走向更好的前程，还是跟你是相左的，我觉得你应该站在可以达成的立场。如果不是相左的，我们只是认知的问题、角度的问题，那我们就怎么理解，如何去解决、怎么去消化的问题。

接下来的王研主任，她用从她的角度和我们分析，人是活的，思想是多元的，所以对于人的评价，包括我们对学生的评价，很难给学生下一个很准确的定义，你不能把你的思想完全规划，但我们可以大致刻画出一个人，但是怎么刻画。我在想，你可能做了20年班主任，你很难把这个学生刻画得很完整。我们很多时候期求别人对自己的评价是公平的，但同时，你也要认识到，评价，本身就有缺失，很难形成一个完美的符号；评价只能向公平不断地靠近，但十分的公平很难做到，应该是我们一直追求的目标。我觉得公平也正体现了一个德育的智慧、德育的评价，也是对人的引导，也是客观反映人的真实表现。智慧怎么理解，我觉得首先要认识一些东西，要研究一些问题，像下午这九位代表的讲话，实际上把在座同志们的发言提炼出来很多了，这些都是智慧，这些都是智慧的碰撞。首先我们认识了很多问题，大家没有发牢骚，我们觉得，这就是智慧，认识了这个问题，我们就开始研究这个问题。宋校长总结时就说了，研究的过程就是多元的，研究的过程就是开放的。我总觉得我们必须有这样的思想，因为人是不同的，在基本要求相同的基础上，必须提供更多的可能，让学生得到发展。大家的意见，需要取舍，在反思中去总结，总结之后要去提升，提升之后，就会变成我们所说的智慧，所以德育这个工作，难就难在没有固定的方法，谁能总结一套固定的方法来进行德育教育呢？为什么它不能总结，就因为它的对象是"人"，是在变的，环境是在变的，变了说明什么呢？我们要不断地跟着时代的变化，需要改变我们的德育教育的方法，但是说没有规律也是不对的，它一定是有规律可循的。

我们所说的德育，为什么是两条腿，为什么要把它分成两条腿，我们为什么不能把它合成一个人？我来二高这一段时间里，也经常和一些班主任聊天，我觉得他们想法非常好，他们说："校长，我们学校的活动多了；校长，我们学校管理得太细了；校长，我们学校管理得太松了；校长，我们学校这个地方应该有个制度；校长，咱们学校制度太多了。"从方方面面去听，每个意见都是对的，从哪个角度出来，都是对的。上午在听的过程中，大家也能感觉到，我们来这个学校，一定要学习抓得很好，学习状态不好，肯定不行。怎么来抓学习，天天坐在桌上写作业？这就是抓学习吗？这肯定是在抓学习，但反过来问一句，是否有效？

我们所有的德育工作，最主要的目的是推动学生能更自觉地去学习，有更高的目标去学习，知道自己为什么去学习，要学习什么，这是我们德育工作的重点。我们在座的班主任，有很多把它分割开了，好像德育是虚的，实际上，德育是一个助推学生学习的非常有效的手段。反过来说，学习，不单单是学习高考这一点点知识，它只是一个部分。人生很长，学生需要多元化的积累，他会学习了，他就会学到更多的知识。如果我们意识到学习的重要性，德育就不像我们想象中那么难，如果所有的事情都围绕学习这个中心去开展，就更容易做了。

上午的发言，我们都听到了，如手机管理不好是非常影响学习的，但是针对这个问题，解决了它，学生的问题就解决了吗？肯定不是，学生又会出现另外的问题，如谈恋爱，是否也影响学习？你解决了谈恋爱问题，他又会打游戏，你解决了打游戏问题，又发生了家庭问题，然后回到学校，他和同学、朋友的关系不好，他又产生了其他问题，影响了学习，所以说，我们想解决问题，可能永远也解决不完。

但是我们就不解决了吗？我们在提出问题的时候，就是要全盘去考虑，哪些问题是主要的，哪些是必须要去做的，思考它的目标，它的前进方向，它的根源所在，在智慧面前，很多问题，都是可以解决的。

我们首先理解，这个大的框架，德育与社会的关系，德育中的教学的关系，你就能在一个制高点上，抓到重点，像前段时间，很多同事在群里发的，一个学生的事情，有老师评论管得太细了，事实上，主要要判断这件事对学生本人有没有大影响，对班上学生有没有大影响，如果有，就该想办法解决，反之，就是我们多管闲事了。

今天我主要想讲三个问题：

一、德育的定位

1. 我们每个人都是德育的工作者

这句话，我们总提，大家也不再有太多的感觉。可以从另一个角度说，首先，在校园里，我们都是别人的镜子，也可以换句话说"人在做，天在看"，不管你说得再好，看你怎么做。所以我一直在想，你可以从自己、从小、从父母、从兄弟姐妹身上看到，他们对你的影响。在自己的孩子面前，你可以看到，你对孩子的影响，这个是不用讲的，（你在你身上，一定能看到你的高大、你的伟岸和你的渺小。）如果你能看清这一点，你就会知道，学校的要求和你在班级上的要求，意义是一样的，都要有规矩，没有规矩不成方圆。规矩的目的是让人更好地成长与发展。你就知道，这个定位，是个很自然的事情，有时候，我也很讶异，有人会说，学校要求太细了，也有人说，学校管太松了，这关系很微妙。我们都是有多重身份的，也是老师也是学生，就因为我们有个别老师，不够清楚自己的定位，就被学生看在眼里了，学生看到的，是一位老师在大庭广众之下，有这样的行为，就会在学生眼里留下深深的印痕。这个印象一旦留下，以后不管你说得多有理，多么冠冕堂皇，也只会换来他对你的嗤之以鼻，在他们眼里，你是表里不一的人。

首先得清楚我们的定位，我们虽然都是社会人，但这范围太大，也比较复杂，我们先把定位缩小点，缩小到校园，学校这里是教与学的统一体，是相互成长的。教是学的镜子，学也是教的镜子。

2. 人人都是自己灵魂的塑造者

为什么班主任难做？如果所有的教师、所有的教辅人员、所有的领导，当然也包括我们所有的班主任，我们若能定位为"我们都是自己灵魂的塑造者"的时候，换句话说，我们每个人都有意识，教师不但要把课上好，更主要的是要引导、培养学生成人，成人比成才更重要，就能解决这个难题。换句话说，这就是教师的力量与作用，这就是为人师表。

德育是种渗透，是种滋养，它是一种温度，不是靠喊一句口号，或是靠某种能力来进行的。说一句话就能解决，或者用制度就能解决的事，这些都不叫德育，德育一定要引导，一定要滋养，一定要有方向，一定要坚持不懈。

3. "人"字本身就是相互支撑，才能立起来

人活着也是要靠其他人支撑的，如果没有其他人的支撑，很难想象结果是什么样的。从人的自身来说，德是人自身最好的支撑。人的支撑力度也是很有讲究的，"人"字的一撇一捺，一撇太靠一捺支撑或是一捺给一撇支撑得过度，人就可能翻倒；如果支撑的力度不够或是一撇给一捺压力过大，人就可能压垮。所以教师在德育工作中，细节很关键，怎么能拿捏尺度，用什么方法去引导、培养学生是非常重要的。

二、班级的定位

我们希望班级百花齐放，我们又希望统一发展。教育亦如此，但是，没有规矩不成方圆，规矩一定是大一统而非细而分的。有人说，如果都是按规定去执行，那所有的班主任、所有教辅人员都没作用了，校长一人就可以做完。确实，任何制度都有制订者与执行者，制订者要根据实际情况在反复征求意见的基础上制订，执行者要根据制度总的要求去执行。这就是我们所说的，只要是管理有效的，一定是金字塔式的管理，一定是分层管理，每个层次缺一不可，每个层次都应该起到该层次的作用，而不是传话筒或是接力棒，要不断理解，根据不同的情况去落实完善。我们班级的管理也一定是这样。就如当初我们的宿舍管理，我们先选一两个宿舍进行试验，视情况再做推广，为什么要设深圳特区、浦东新区？就是在做尝试，先尝试，成功了再做普及和推广。普及与推广也要借鉴，不要一刀切，不要一个模式，一些共性的可以统一要求，一些规范的事情可以一刀切。但思想的、文化的是要有个性的。一个班级，就是一个学校的缩影，建设在一定共同基础之上。个性应该是多元的，它不是固定的，每个班主任都有各自的特点，所以我们建设的班级文化就是"要敢于去做尝试"。学生处要在制度建设上先行，要给出有指导意义的方案。刘向老师的名班主任工作室，已经开始了研究，已经带领一些班主任做大胆的尝试，是很好的开端。班级文化与宿舍文化是学校文化的重要组成部分。

学校的校园文化如何？实际上，它是由各个班级文化共同组成的，我们每个班级都有自己的文化，每个年级又汇成自己的文化，但这些，必须有一个前提，就是在学校整体规划下。同时，一个班级就是学校的一个小灵魂，它应该是多彩的，应该是多元的。刚才说了，很多班主任，都有他非凡的智慧，优秀的学校就是由优秀的班级组成的。当你的班级优秀了，难道德育不优秀吗？要明白，这个年级有20个班，20个班都是优秀的，这个年级一定是优秀的。当然，学习成绩也一定是优秀的，两者是不会脱节的，不会有哪个班级，它的文化很好、状态很好，学生们都积极向上，最后学习成绩很差，这是不符合逻辑的。如果一个班级卫生脏乱差，纪律很差，管理松散，没有向上的动力，这样的班级与其他班级相比学习成绩会好吗？一个班级如此，一个单位如此，一个国家也如此。我们都需要共同努力，弘扬建设班级文化、企业文化、国家文化，人们才会有更向上的动力与目标，才会有成就感与幸福感。

刚才有位老师说过，有个高考成绩差的学生，老师回去翻查档案，发现原来他就是高一分班前，从相对差的班里出来的学生。大家想想，就是这短短半年，一个班整体就与其他班有了比较明显的差距，就影响了很多学生后面整整两年半的学习生涯。从这一点可以看出班级文化的形成是多么重要，特别是高一，让学生形成好的生活习惯与学习习惯以及好的学习方法，对学生今后的成长是至关重要的。一旦好的习惯没有形成，就会形成不好的习惯，以后就很难再改变，这样就会出现前面老师说的那种情况。所以说班级文化的建设是非常重要的，它是学生高中阶段的开始，是成人的重要转折点和起步点。

三、班主任的定位

我常与干部沟通，一直强调干部需要有包容性，要容得他人的错误，我们班主任也应该有这样的心胸。允许学生犯错误，学生在这个年龄段，是可以试错的，你不允许他试错，他就不知道如何去前进，但是如何把握好，令他试错的方向不至于太远，这是我们做德育工作的难点。最简单的就是画地为牢，给他圈起来，给他绑起来，但这不是我们德育工作的实质，我们是要让学生自由生长，就像参天大树，自由向上，而不是横七竖八地长出去。引导是关键，教育的方法是关键，方向是关键。

班主任是重要的德育工作者。应该定位为母亲这个角色，她会希望孩子茁壮成长，她会包容孩子的一切，哪怕是不足，她可以付出全部的辛劳苦劳，只为孩子成长助力，她没有任何怨言，同时，她也是幸福的，她看到孩子在她的呵护、引导、教育、培养下不断地成长。但作为一个合格的母亲，绝对不能溺爱，不能没有原则，不能不尽教育的责任。拿我自己来说，我有时候和朋友聊天时说，我现在做校长不幸福，最幸福的是做班主任的时候。也许年轻班主任现在还不能感受到，像我已经来了深圳这么多年，我当初在哈尔滨当三届班主任带的学生，上周又有出差的学生来看我，他们也都40多岁了，到了人生的稳定阶段，事业也小有成就，现在还能找时间看望老师，在他们的心中老师一定有位置。

我刚到二高时，身体有了点小状况，可能当时刚上任又是换新学校，所以太紧张的缘故吧，开玩笑了。当时，当了医生的学生来看望我，他觉得我脸色不太好，让我去医院检查一下，随后几天，天天打电话催，让我过去看病，如果不是他的催促，我可能不会去，那到时候可能病情就会加重。去了一检查确实有问题，并进行了手术，现在也知道是什么问题，要怎么注意。

想想，这么忙碌的社会，得到这样的关心、关怀，我还要什么更高、更大的索求呢？

因为你付出，所以得到了回报。为什么我说当校长没有当班主任幸福，就是校长没有"亲"的学生，所有学生见了你，一样会叫声"老师好"，然而，你们之间并没有内心的关联与交流，有的可能仅是学术上、知识上的交流，他们会说"某某老师教的数学真好"，但这些和"亲"学生还是有区别的。这就让我想起了一句话"对于与孩子的关系，班主任最幸运的，就是非常直接地参与了他的人生"。

过去有这样一句话："与天斗，其乐无穷；与地斗，其乐无穷；与人斗，其乐无穷。"这句话很容易理解偏，我们从另一个角度讲，这个斗，要斗得智慧，也可以说成与人交流，其乐无穷，可以相互成长，促进我们各自进步，教与学相长嘛。现在很多年轻的家长，都有了新的对于亲子关系的认识。认定最好的亲子方式就是与他一起成长、一起学习，这是教育孩子的理念，也是我们育人的理念。一起成长，一起进步，一起享受工作与幸福。

教育学生和我们如何教育自己的孩子应当是一致的，如何教，就需要我们用心经营了。

文化的经营，熏陶是最重要的方式，家长在家天天抱着手机，你叫孩子不要玩手机，你是想培养孩子无视你的存在？否则他怎么可能看不见？看不见你在玩手机？他自己怎么会有那么强的毅力，克服手机的诱惑。类似的情况比比皆是。

最后，我想说的是，经营一种精神。刚才有老师说了，如果我们能把精神导向引领好，他的一生就好，就像志愿者，他就是在一步一个台阶地向前、向上发展。现在很多人的问题，都是物质与精神之间的平衡问题，如果将人比作一栋楼，物质就是基础，物质就是框架，精神就是内部装修，两者都是缺一不可的。怎样实现物质与精神之间的平衡，是需要极高智慧的。

我们二高非常难得形成了一个理念，"以尊重的教育培养受尊重的人"，这是前期全体教职员工与学生共同努力，通过经验积累、试错、实践得出的。现在，我们要延续并发扬光大，如何去做？光是喊喊口号肯定是不够的，需要的是措施，能够达成目标的措施。然而措施是否能很快地被理解、被接受？不一定，就像教务处、就像班主任，是否有措施出来，学生也有些不同的声音？

措施必须很真实，这是我要说的"三实"教育的第一个实，真实。所用的措施都是基于真实而来，要相信真实的力量。在做学生德育工作的时候，我们的出发点必须真实，不能流于形式，要有真情实感。

有真心、真我、真性情的人，是我们都喜欢与之为伍的人，我们培养的学生如果是这样，我们是不是感到很欣慰？如果培养出完全相反的学生，你愿意吗？

再有就是方法要扎实，要有行之有效的方法，方法很多，每人都有自己的思考，我们要借鉴别人的智慧，再去升华，如何获得扎实的方法？我用三个词：设计、滋养、雕凿。

第一个词是"设计"，脑里有构思，以什么做基础呢？目的、目标就是基础，也是中心。我开个班会，要与学生交谈，我得先设计，要将他引导到哪个方向去，又如今天的研讨会，我们会议开多长，谁来发言，最后要引导一个什么方法，这些都是需要设计的。畅所欲言不代表杂乱无序，倘若真这样，就是因为没有设计，没有设计好发言的先后次序、时长，特别是内容，并且还会因此令参会者感觉到浪费时间，因为最后都不知道来会场做了什么。

第二个词是"滋养"，在生活中滋养，从小处、从细节滋养。学生一个小小的习惯，也许是影响他一生的。例如，书法能锻炼人的心境，阅读亦是如此，要通过一些小行为滋养学生，令他一步步慢慢地走向更好，这些是急不来的，但滋养的作用却是久远的。

最后一个词就是"雕凿"，在前面两点的前提下，着重就学生的优处、长处，加以"雕凿"，让它成为学生最亮的点，要学生感到骄傲或是感觉到自己也有自己的长处，使他们愿意成长，愿意克服自己的不足。这也是德育的艺术升华了。

扎实后，是朴实。做人要朴实，育人的形式就要朴实无华，我们要人真实，必须自己真实。不要搞形而上学，不要形式大于内涵，形式是为了烘托内容，必要的形式是给内容以庄重感、成就感或是认同感，但只为形式，走过场，就偏离了教育的初衷。所以，教育朴实无华，让内容入心入脑，使学生得到人生升华是关键。

德育的智慧在于我们的思考、我们的做法、我们的措施、我们的效果是不是真实、扎实、朴实的。

立足新舞台　展现新精彩

——在教师发展专业委员会成立大会上讲话

各位领导、各位老师，大家好：

今天，深圳市教师发展专业委员会正式成立了，首先，请允许我代表深圳市教师发展专业委员会对各位领导、各位老师的到来表示热烈的欢迎。

成立深圳市教师发展专业委员会，已经酝酿很长时间了。尤其是深圳市先行示范区确定下来之后，成立深圳市教师发展委员会一事切实地提到了日程上来。疫情的到来，更让我们对教师专业发展有了新的认识。今天，我们相聚在此，共同见证深圳市教育发展的一个历史性时刻。我们相信，深圳市教师发展专业委员会在国家新一轮教育教学改革中一定会发出不可磨灭的光芒。

教育的发展，根本在教师。2018年1月，中共中央、国务院印发的《关于全面深化新时代教师队伍建设改革的意见》（以下简称《意见》），《意见》明确指出："教师承担着传播知识、传播思想、传播真理的历史使命，肩负着塑造灵魂、塑造生命、塑造人的时代重任，是教育发展的第一资源，是国家富强、民族振兴、人民幸福的重要基石。""兴国必先强师"已经被提高到国家战略的高度，"造就党和人民满意的高素质专业化创新型教师队伍"是教师队伍建设的迫切任务。

深圳市教育的发展，教师一直是关键。从最初的引进成熟型教师转变为招聘应届毕业生，从招聘优秀教师转变为引进专家型人才，从认证教育系统名师到开设各类名师工作室，以及年度教师、学生最喜爱的教师、学生最喜爱的班主任评选和各类教师、班主任基本功比赛，这一切都是对教师发展的表彰，也是对教师发展的引领和督促，更是对教师发展的祝愿与期望。

深圳市的教育已经进入一个新时期，深圳市教师的专业发展也到了一个全新的阶段。尤其是先行示范区的成立，同样要求深圳市教师的专业发展也应当具有先行先试的特性。从今以后，深圳市教师专业发展的策略、路径和成果都应当是具有示范性的。因此，深圳市教师发展专业委员会的成立，是深圳教育发展中的一件大事。它的成立表明，深圳市教师专业发展已经进入一个集团军整体推进的新阶段。无论是全市层面，还是个人层面，教师的专业发展将变得更加规范、有效。

深圳市教师发展专业委员会，是一个群众性的学术组织，在党和国家有关政策的指引下开展相关工作。我们协会的工作分为常规工作和应急性工作。常规性工作包括：

第一，组织开展学术研究。包括组织教师们开展学科课题研究和班级管理课题研究，组织学校中层和校长开展学校管理课题研究，组织拥有相关学科背景的教师开展方针政策研究，以及新时期背景下的教育教学策略、应用技术和评价体系研究等。

第二，组织开展学术交流。学术交流分为"请进来"和"走出去"两个部分。我们计划邀请国内外专家、学者前来传经送宝，并委派教师走出深圳，走向全国，走向世界，开阔眼界、学习经验、整合资源、形成认识。当然，学术交流也包括深圳市本土学校之间的交流与合作。在今后的学术交流中，深圳的学校之间，"走亲访友"应该成为一种常态。

第三，组织学术成果评选与推广。课题、专著、论著、论文，以及各学校的管理方式、教师们的教育教学模型，我们都会组织专家进行定期和不定期的评选，并进行相应的表彰和推广。

第四，组织开展教师、班主任和校长的培训。我们将以报告会、研讨会、工作坊等多种方式来开展教师和行政管理人员的培训，并组织人员研究新型培训方法。

第五，完成教育部门委托交办的工作任务，开展与其他部门的战略合作，开展国际合作和咨询服务活动。教师发展专业委员会作为专门性组织，有责任承担教育部门委托的工作，有义务与其他部门开展合作协同工作。教师发展专业委员会在促进教育事业发展的同时，应当积极主动地为社会的文明进步做出自己的贡献。

第六，举办年会。教师发展专业委员会定期组织年会，对上一年的工作进行总结，对下一年的工作进行规划。对会员进行认定评价，对优秀会员进行表彰，对不足之处进行反省，对违纪事例进行通报批评，并有计划、有步骤地招募新会员。

教师发展专业委员会的应急性工作根据具体情况而定。例如，目前仍然处于疫情防控期，我们可以开展网课的有效性研究、疫情期学生心理变化与应对方法研究、教师心理变化与调试策略研究等。

教师发展专业委员会是教师发展的平台，是教师们寻找科研伙伴，打造科研团队的舞台。我们希望，每一位教师在这里都能得到长足的发展。

对于在座的每一位教师来说，对于所有深圳的教师来说，大湾区的建设、先行示范区的建设以及新一轮课程改革的推进，都为我们提供了无限的发展空间。深圳市教师发展专业委员会，将努力把潜在的可能性转变为实际的可观、可感、可以把握的机遇，为教师们创设机会、提供范例、开展指导、引领方向。

在这里，我希望每一位教师都对自己的专业发展做一个阶段性认定，审视一下自己的职业生涯，反省一下自己的工作历程，追问一下自己教书育人的初心，细致地规划一下自己的专业发展。

西行十万八千里，凤凰终有涅槃时。教师，是一个摆渡他人的职业，教师也是一个终生提升自我的职业。我们希望，每一位教师都在自己的职业生涯中，修炼自我，培育学生，贡献社会。

谢谢大家！

3
第三篇

可怜天下父母心
——家长要做孩子成长的守护神

家长既要负责孩子身体的发育，又要负责孩子的心理发育；既要重视孩子智力的开发，又要重视孩子各方面能力的培养；既要教会孩子怎样学会知识，又要教会孩子怎样做人。

——杨振武

我们的目标是一致的

——在深圳二高2020级高一家长会上的发言

　　尊敬的各位家长，感谢你们从百忙之中抽出时间，来指导我们的工作。我们的目标是一致的，就是教育好我们的孩子，让我们的孩子成才、成人。请你们放心，我一定会把"你们"的孩子当成"我们"的孩子，尽心尽力把"我们"的孩子教育好。要教育好一个孩子，必须由社会、学校、家庭三方配合。作为家庭的一方，对培养孩子成才、成人，是十分重要的。今天，我跟家长们只提三个希望。

　　一是希望各位家长营造一种浓郁的家庭文化氛围。著名学者梁实秋说过，一个正常的良好的人家，每个孩子都应该拥有一个书桌，主人应该拥有一间书房。爱学习，先天有一部分，但更主要的是后天的影响。尤其是家庭文化氛围，对孩子读书学习的熏陶十分明显。读书，是可以遗传的，历史上，有书香世家，喜欢读书的父亲，生出一连串喜欢读书的孩子。"一门三父子，都是大文豪，诗赋传千古，峨眉共比高。"说的就是"三苏"——爱读书的父亲苏洵，生出了爱读书的儿子苏轼和苏辙，历史上有名的"唐宋八大家"，他们一家就占有三席；此外还有"三曹"，爱读书的父亲曹操，生出爱读书的儿子曹丕和曹植。可见，家庭环境对孩子的影响很大。这就好像我们吃的泡菜，泡菜水的味道，决定了泡出来的萝卜、白菜的味道。一个家庭的文化氛围就好像泡菜水，对孩子的影响是潜移默化的。正如教育学家、社会心理学家王东华先生在他的教育专著《发现母亲》中所说："社会遗传同生理遗传一样，他像隐藏在人的身体中那样隐藏在人的品性中，它限制、制约着人的精神世界的发展。"

　　二是希望我们的家长赏识我们的孩子。我曾看过《一位母亲与三次家长会》的文章，一位妈妈第一次参加家长会，幼儿园的老师对她说："你的儿子有多动症，在板凳上连3分钟都坐不了。"回家的路上，儿子问妈妈，老师都说了些什么，妈妈鼻子一酸，差点儿流下眼泪。因为全班30位小朋友，只有她的儿子表现最差，唯独对他，老师表现出不屑甚至是讨厌。然而她告诉儿子："老师表扬你了，说宝宝原来在板凳上坐不了1分钟，现在能坐3分钟了。其他的妈妈都非常羡慕你，因为全班只有宝宝进步了。"那天晚上，她儿子破天荒吃了两碗米饭，并且没让她喂。儿子上小学了。家长会上，老师对妈妈说："全班50名同学，这次数学考试，你儿子排在第40名，我们要不要让他重读一年。"走出教室，她流下了眼泪。然而，当她回到家里，却对坐在桌前的儿子说："老师对你充满了信心。他说了，你并不是个笨孩子，只要细心些，就会超过你的同桌，这次你的同桌排在第21名。"说这话时，她发现，儿子黯淡的眼神一下子充满了光亮，沮丧的脸也一下了舒展开来，第二天上学时，去得比平时都要早。她甚至发现，从那以后，儿子温顺得让她吃惊，好像长大了许多。孩子上了初中。又一次家长会，她坐在儿子的座位上，等着老师点她儿子的名字，因为每次家长会，她儿子的名字总是在表现不太好的行列中被点到。然而，这次却出乎她的意料，直到家长会结束，都没听到儿子的名字。她有些不习惯，临别去问老师，老师告诉她："按你儿子现在的成绩，考重点高中有点儿危险。"听到这句话，妈妈惊喜地奔出校门，此时，她发现儿子在等她。走在路上，她抚着儿子的肩膀，心里有一种说不出的甜蜜，她告诉儿子："班主任对你非常满意，他说了，只要你努力，很有希望考上重点高中。"高中毕业了。第一批大学录取通知书下达时，学校打电话让她儿子到学校去一趟。她有一种预感，她儿子被第一批重点大学录取了，因为在报考时，她对儿子说过，相信他能考取重点大学。儿子从学校回来，把清华大学招生办公室的特快专递交到她的手里，突然转身跑到自己的房间里大哭起来，儿子边哭边说："妈妈，我知道我不是个聪明的孩子，可是，这个世界上只有你能欣赏我……"听了这话，妈妈悲喜交加，再也按捺不住十几年来凝聚在心中的泪水，任它流下，打在手中的信封上……这是一篇很老的文章，但我每读一回都很感动。这位母亲懂得，哪怕天下所有人都看不起自己的孩子，做父母的也要眼含热泪地欣赏他、拥抱他、赞美他，为自己创造的生命而自豪。正是这位母亲的赏识，使孩子树立了自信，爱上了上学，爱上了学习；正是这位母亲的赏识，使孩子觉醒，使孩子以一种势不可挡之势走向了成功。

三是希望家长保护孩子的好奇心。教育部原副部长吕福源说过一句话："我们这个国家近期的危机是没有产品。从飞机到数码相机，从制成品到流水线，我们都是进口的。我们远期的危机是我们的孩子没有好奇心。"很多家庭里摆满了现代化的电器，有的孩子甚至被"现代化"包围着。可是有多少孩子问一问电视机为什么能显像？电冰箱为什么能制冷？计算机为什么能储存那么多信息？有没有孩子想打开计算机看一看呢？我们渴望有这样的孩子，渴望有好奇心的孩子。是我们的孩子原本就没有好奇心吗？我想未必，这与我们大人缺乏好奇心、缺乏探索精神有关。

作家北野曾提出过一个这样的观点：民族的较量实际上是年轻女人的较量。他是通过在不同国家见到各类母亲对孩子的不同教育方式而得出这个结论的。我希望我们的家长保护孩子的好奇心。为了使孩子有强烈的求知欲，我们必须保护好孩子的好奇心。

各位家长，我们的目标是一致的，让我们一起努力，共同促使孩子走向成功！

每个家长心目中，都要有一种家教观念

家庭教育是教育系统的基石，家庭教育的质量如何，直接影响孩子的成长。如果家庭教育从内容、方法到指导思想，都符合社会发展的需要，在这种家庭成长起来的孩子，一旦进入学校，对学习的态度就会是积极的，有利于学生健康成长。正如美国教育家伯顿·L.怀特指出："家庭给予儿童的非正规教育，比之后正规教育制度对儿童总的发展所产生的影响还要大。如果一个家庭在孩子生活的早年向他提供基础稳固的启蒙教育，那么他将可能从以后的正规学校教育中得到最大的收益。"因此，对学生的教育培养，绝对离不开家庭的参与、家长的支持，家长应是学生成长的伙伴。要想孩子健康成长，学校、教师和家庭要同念一本"经"，要往同一个方向给力。克雷洛夫写的《天鹅、梭鱼和大虾》的寓言我们要牢记。寓言中说，天鹅、梭鱼和大虾要把一车货物拉走，可是，它们用尽全力，那辆并不重的车子却动也不动，原来，它们给力方向不一致。天鹅要向天空，大虾直往后拉，而梭鱼呢？偏要到水中。教育学生也是一样，如果家庭和学校、教师不配合、不协调，就很难取得理想的教育效果。要教育好一个孩子，家庭和学校对学生的影响应该是一致的，好的家庭，就是一所好的学校，好的家长，就是最好的老师。要使孩子成大器，要使孩子成才，要使孩子在校努力学习、奋发向上，实现师生合作教学，良好的家教有不可估量的作用。我们每个家长心目中，都要有一种家教观念。

现代家庭最缺少什么？不是缺钱财、缺冰箱、缺彩电、缺汽车，而是缺家教。一些家长认为，对子女的教育是学校的事，我只负责给孩子提供资金，这是极端错误的想法。黄河之水天上来，喜欢读书、喜欢学习、走向成功的孩子从家教中来。中国古代有一个伟大的史学家、文学家司马迁，所撰《史记》被鲁迅先生称为"史家之绝唱，无韵之离骚"。司马迁能写出《史记》的原因固然很多，但与他"读万卷书，行万里路"的精神有关，而这种精神，又与司马迁的父亲司马谈从小对他的教育有关，可以说，司马迁的成功离不开他的父亲，离不开他父亲对家教的高度重视。司马迁出自书香门第，司马迁的父亲司马谈是太史令，掌管全国藏书，他是一位十分勤奋的学者，他的勤学给儿子做出了榜样，长期的熏陶使司马迁也养成了勤奋学习的习惯。除此之外，司马谈还有计划地培养司马迁，为了培养儿子，可以说是费尽了心思。司马迁10岁以前，司马谈就对他进行了严格的家教，并送他入过小学。当时的小学重在识字，司马谈根据自己的体会，认为要做一个合格的学者，没有相当的文字功底是无论如何也不行的，于是，司马谈教10岁的司马迁诵古文，这可以说是司马谈提前开发儿子智力的尝试。通过一年的学习，司马谈发现儿子天赋甚高，于是，把司马迁送到了当时的古文经学大师孔安国的门下，学习当时很难懂的先秦文献典籍的汇编——《尚书》。不久，孔安国去世，司马谈为了让儿子能在名师的指点下，学业得以完成和有所长进，又让儿子投到大儒董仲舒门下。良好的家教使司马迁养成了良好的读书学习习惯，司马迁在董仲舒处学习刻苦努力，不出几年，司马迁就能对先秦留传下来的古籍倒背如流，得到了不轻易夸奖学生的董仲舒的赞许。司马迁在家和在校的学习，为其打下了扎实的知识基础，后来，他在父亲的鼓励下，到全国各地去考察，最终写出《史记》来，就不奇怪了。可以说，如果司马谈不重视对儿子的家教，司马迁就不可能养成"读万卷书"的学习习惯，也不会在老师门下学习得如此认真刻苦；没有他父亲的鼓励，司马迁在"父母在，不远游"的时代里，就不可能"行万里路"，最终写出《史记》来。由此可见，司马迁的喜好读书，司马迁的成功，是他父亲司马谈重视家教的结果，司马迁的背后站着一位重视家教的父亲。司马谈的家教使司马迁崇尚学习，崇尚知识，崇尚名师，与老师和谐相处，实现了师生合作教学，最终走向成功。我们不少古人，是十分重视家教的。孟子年幼丧父，母亲为了教育他，留下了"孟母三迁""断杼教子"的美谈；欧阳修四岁丧父，母亲拿不出钱供他读书，于是在房门前的平地上铺上一层细沙，用一枝荻秆做笔写字，留下了画荻教子的佳话。他们注重家教，使儿子崇尚学习，终于使儿子留名千古。相反，许多不喜欢学习、厌恶学习、最终一事无成的孩子，与父母不重视家教有一定关系。三国时期，西蜀的开创之主刘备和他的儿子刘禅，由于他们在政治上所表现出来的才能迥然不同，人们大都把造成这种结果的原因归咎于彼此资质的高下，以至于刘禅的小名"阿斗"长期以来被人作为低能的代称。其实，刘禅的平庸与刘备不重视家教有关。有一次，被过继给刘备做儿子的侄子刘理对刘备说："现在国家正值多事之秋，父皇应该让弟弟骑马射箭，习文练武。"刘备听了很不高兴地说："你能管住自己就是万幸了，不要管阿斗的事。"西蜀立国后，刘备当上了皇帝，刘禅做了太子，刘备当然希望自己的儿子继承自己的皇位，然而，仍不重视对儿子的教育培养，任凭刘禅整天与太监鬼混，导致刘禅讨厌学习。刘备死后，16岁的刘禅当上了皇帝，整天与宫女太监取乐，把国家大事晾到一边，落得个国破被俘的结局。宋代程颐说："人生至乐，无如读书；至要，无如教子。"明代李西沤的《老学究语》说："有儿不教，不如无儿。"流传很广的《三字经》说："养不教，父之过；教不严，师之惰。"把父母教育子女和教师教育学生相提并论，都视为天职。早在100多年前，革命导师马克思也曾指出："法官的行业是法律，传教士的行业是宗教，家长的行业是教育子女。"为了促进学生成才成人，每个做父母的，都要肩负起教育孩子的责任，要重视家教。

做一个文化型父母

　　要使孩子喜欢学校、喜欢老师，要实现师生合作教学，一个重要的前提是学生喜欢学习，有一种强烈的求知欲望。如果学生不喜欢学习，没有一种强烈的求知欲望，很难指望学生在校积极参与老师的教育教学，进而实现师生合作教学。

　　然而，现实情况是有不少学生越来越不喜欢学习，对学习提不起兴趣。导致学生厌倦学习的原因有许多方面，我们要营造一种浓郁的家庭文化氛围去感染孩子。我们知道，犹太民族是个很聪明的民族，为了解释在智力取向活动中犹太人的优势之谜，人们提出了无数理论。其中，美国一位作家在书中写道："犹太人的家庭是学问受到高度评价的地方，在这个方面，非犹太人的家庭相形见绌。就是这一个因素，构成了其他一切差异的基础。"犹太人十分注重营造浓郁的家庭文化氛围，不仅自己喜欢学习，而且引导孩子学习，在每一个犹太人家里，当小孩稍微懂事时，母亲就会翻开《圣经》，滴一点儿蜂蜜在上面，然后叫小孩子去吻《圣经》上的蜂蜜，让孩子懂得书本是甜的，从而使孩子爱好书、热爱学习。我们也不妨借鉴犹太人的做法，营造良好的家庭学习氛围，诱导孩子热爱学习。梁实秋先生说过："一个正常的良好的人家，每个孩子都应该拥有一个书桌，主人应该拥有一间书房。"我国台湾经济学家、现任美国威斯康星大学经济系教授的高希均先生在《构建一个干净社会》一书中也提倡："家庭中应以书柜代替酒柜，书桌代替牌桌。"近日在《读者》杂志上读到蒋子龙先生的一篇文章，题目叫"托尔斯泰灯"，里面讲到托尔斯泰家庭教育的一个传统，那就是每天晚上，全家人必须都坐到同一盏灯下阅读，至于读什么内容，各人可以自由选择，有的读圣经，有的读课文，有的读自己喜欢的书，找不到书读的孩子就读托尔斯泰的手稿。孩子们在这种自由阅读中进行思考，养成了良好的习惯并培养了坚强的毅力。

美国一些心理学家不久前曾提出一个"有效家庭"的新概念。这里的"有效家庭"是指有利于孩子健康成长的家庭。家庭是真正的学校，父母是孩子的老师。为了培养孩子浓厚的学习兴趣，为了能让孩子喜欢学校、喜欢老师、喜欢学习，以利于师生合作教学，从而使孩子健康成长，家长应努力学习，营造一种浓郁的家庭文化氛围，感染孩子，并与孩子一同成长。愿天下所有父母都做学习型父母、文化型父母。

做孩子与老师的桥梁

在一个孩子的成长过程中，学校和家庭是一对不可分离的教育者，学校教育需要家长的支持，家庭教育需要学校给予科学的指导。只有学校教育与家庭教育步调一致、相互补充、形成合力，教育才能成功。如果教师不了解孩子在家的情况，家长也不知道孩子在校的表现，二者相互脱节，就会形成教育的盲区，不利于对孩子的培养。所以，家长必须与老师进行良好的沟通和交流。

从某种意义上说，家庭也是重要的教育场所，家长既是孩子的启蒙老师，又是沟通学校、老师和孩子之间的桥梁。做好孩子和老师之间的相互沟通工作，协助老师了解和教育孩子，教育孩子尊重和理解老师，这些工作家长都不应当忽视。

要和谐师生关系，要促进师生合作教学，家长必须做孩子与老师的桥梁。第一，要经常到学校去了解孩子的情况。有些家长，把孩子一送到学校，就认为是老师的事了，从来不来学校过问孩子的事情，连孩子在哪个班、孩子的班主任是谁也搞不清楚。第二，就是要善于协调师生关系，促进师生合作教学。无疑，教师应该有很高的素质，应该完美，但教师也是人，在教育孩子时，可能会有这样那样的缺点与不足，面对教师的缺点与不足，家长应该从协调师生关系、促进师生合作教学的角度出发，妥善解决。曾听过这样一则故事：一位很有威望的植物学家的儿子拿着一株小草去问他的老师，想知道小草属什么类别，有什么特征。那位老师也不知这株小草的属性，但他是一位谦虚和诚实的老师，他和蔼地对那个学生说："你爸爸不是很有学问的植物学家吗？你回去问问他吧，我也很希望知道这株小草的秘密呢！"于是，孩子拿着小草回家问他爸爸，这位植物学家爸爸只是对孩子说："爸爸也不知道小草的名字，你们老师一定知道，可能一时忘了，你回去再问问老师。"当孩子第二天上学时，植物学家打电话给老师，在电话中，这位家长详细介绍了那株小草的名称和特征，最后说，这个问题由您为孩子解答更为恰当。孩子回到学校后，老师按植物学家的指点回答了学生的问题。学生听了老师的解答，从此更喜欢上这个老师的课了。这位家长的做法值不值得家长们效法，我不敢说，但这位家长懂得如何维护孩子对教师的美好印象。他的这种做法，对孩子崇尚学习、崇尚老师，对和谐师生关系、促进师生合作教学无疑有积极的作用。

为了和谐师生关系，促进师生合作教学，促进孩子不断成长，家长们应该做孩子与学校、老师之间的桥梁。

4

少年心事当拿云

——命运掌握在学生自己的手中

> 我是千万年进化的终端产物,头脑和身体都超过了以往的帝王和智者。但是,我的技艺、我的头脑、我的心灵、我的身体,若不善加利用,都将随着时间的流逝而迟钝、腐朽,甚至死亡。我的潜力无穷无尽,脑力、体能稍加开发,就能超过以往的任何成就。
>
> ——奥格·曼狄诺

做一个专注的听课者

我曾经读过一篇《华罗庚与统筹法》的文章，其中介绍了"什么是统筹法"。简单地说，我们每个人每天都要做许多事情，在合理安排上，使我们用最少的时间做最多的事情的方法就叫作"统筹法"。华罗庚先生用一个简单的日常生活的实例解释了统筹法的科学性。他是这样说的，如果我们把烧开水、洗茶杯、擦地板的时间累加起来一共需要25分钟，而我们运用统筹法可以大大节省时间。因为，我们可以在烧开水的10分钟里顺便擦地板或洗茶杯，而不必等到水烧好后再去擦地板。也就是烧开水和擦地板可以同时进行，等到水烧好了，地板也擦好了，完成这两件事只用了10分钟；水烧开后，地也擦完了，然后再去洗茶杯用5分钟，完成这三项任务共用15分钟。由此可见，统筹方法的确节省了不少时间。时间对每一个人来说都是公平的，24个小时，不多也不少，但有的人利用这有限的时间做出了巨大的成就，有的人则日复一日、年复一年，却一事无成。一个成功的人，必然是一个安排时间的高手。我们在学习上，也可以用统筹法，赢得学习时间。但是，统筹法不是万能的，这种方法只有在做那些不需要动脑筋思考的事情时才能发挥作用。我们可以在煮鸡蛋的时候背英语，但切不可在背英语的时候煮鸡蛋。要想"同时"把语文、数学、英语等学科学好，就只能学语文的时候不想数学，学数学的时候不想语文，专时专用才能实现学习效率的最大化。然而，有的学生却不懂得这个道理，譬如听课，我经常发现有些学生在听数学课的时候，觉得老师讲的东西自己已经知道，于是不愿意再听，拿出书自己看英语，或上英语课的时候，觉得老师讲的东西自己已经知道了，于是不愿意再听，拿出书本自己看语文。这样做似乎很符合统筹方法，但人的精力受到了搅扰，等老师讲到不知道的地方的时候，要么你正看书看得津津有味，根本就没有听见，要么勉强抬起头来听一会儿，感觉没头没尾的，注意力也集中不起来。这样，一堂课下来，书也没看好，课也没听好。老师也觉得你不尊重他的劳动，对你会产生不好的印象，你希望一举两得，结果却是"赔了夫人又折兵"。这样做，不利于和谐师生关系，不利于师生合作教学。要想把学习搞好，要想赢得老师的良好印象，建立良好的师生关系，实现师生合作教学，我们就必须做一个专注的听课者。

要有问题意识，要有大胆怀疑精神

　　曾在一本书上看到一个这样的故事：国内某名牌大学的一位高才生到美国留学，课堂上这位学生认真听讲，作业更是完成得出色，可一学期下来某门课还是只得了个C等的成绩。看着平时学得轻松、成绩不错的外国学友，他心情非常郁闷。后来他接受了一位学友的建议，去找该课的执教老师谈心。老师想了一会儿问道："你听过我的课吗？""我没有缺过一节课呀，作业次次都是优等呢。"学生委屈地说。"那你在课堂上提过问题吗？"高才生更不解了："课堂上您讲的我都听懂啦，没有不懂的问题。"老师郑重地对这位中国学生说："我的课堂欢迎有贡献的人，而不欢迎消费者。"这位外国老师评判学生优不优秀，主要不是看上课是否认真听讲，作业是否认真完成，而主要是看在课堂上是否有问题意识。这位外国老师的评价标准，其实体现了师生合作教学的本质特征。要实现师生合作教学，作为学生一方，就应该有问题意识。所谓问题意识，是指学生在学习过程中，经常意识到一些难以解决或疑惑的实际问题并产生一种怀疑、产生困惑、焦虑、探索的心理状态，带着这样的心理状态，去向老师提问、请教，以此共同探索，共同解决问题。问题意识在师生合作教学中非常重要。学生没有问题意识，就谈不上师生合作教学。早在两千多年前，孔子就要求自己的学生"每事问"，他高度评价问题的价值和意义。爱因斯坦也强调："发现问题和系统阐述问题可能要比得到解答更为重要。"然而，据考察和研究，现阶段，我国学生的问题意识比较薄弱，大部分学生能学不能问，会学不会问，只学不问。造成这种现象的原因，与现行教育体制，与教师的教育方法有关，同时，学生自己也有部分责任。不少学生爱面子，认为有疑问，说明自己没有别的同学领悟能力强，同一个老师上课，在同一间教室，同样是45分钟，同样的教学内容，为什么别的同学懂了、领悟了，而我还有疑问呢？好像有疑问，就表示自己没有别的同学领悟能力强，没有别的同学智商高，于是，不敢问，不愿问。其实，这种想法完全错了。在学习过程中，没有疑问才可怕，有疑问，是个体思维品质活跃和深刻性的表现。亚里士多德的"自由落体定理"，两千多年来，大家对此没有疑问，伽利略却对此有疑问，从而对"自由落体定理"进行了修正及创新。每天有无数的人烧开水，都可见到水烧开时壶盖会跳，大家司空见惯，没有人能像瓦特那样提问：壶盖为什么会跳？正是瓦特敢于提问，才发明了蒸汽机。大发明家爱迪生更是好问，有一天，爱迪生在路上遇见一个朋友，那人的手指关节肿着，爱迪生问他："为什么会肿呢？"朋友回答说："我不晓得原因是什么。"爱迪生接着问："为什么不晓得，医生也不晓得吗？"朋友说："不同的医生说法不同，有的说是痛风症。"爱迪生继续问："什么是痛风症？"朋友回答："医生说那是尿酸淤积在骨节里。"爱迪生步步追问："既然这样，他们为什么不从骨节里取出尿酸？"朋友回答："他们不懂得如何取。"爱迪生好奇地问："他们为什么不晓得如何取呢？"朋友说："因为他们说尿酸素是不能溶解的。"这样的提问，在普通人看来是傻气、是啰唆，然而，正因为有这种打破砂锅问到底的精神，爱迪生才弄清了世界上不少的奥秘，才成了举世闻名的大发明家。可见，有疑问是有智慧的表现。因此，学生们要大胆怀疑，要有一种批判精神，要敢于质疑，勇于突破，勇于提问。1932年6月，胡适为北大毕业生开的三味"防身药方"中，第一味就是"问题丹"。他说："问题是知识学问的老祖宗，古往今来一切知识的产生与积聚，都是因为要解答问题。我们既要为解决'无知'而问，更要为求'新知'而问；既应对一切未知的现象多问几个为什么，也要敢于对一切看似确定的结论多问几个为什么。"做学问本身就应包含着两个方面，一个是"学"，一个是"问"。为了促进师生合作教学，为了使自己的学问有长进，学生们应该有问题意识，做"问题"学生，有大胆怀疑的精神。

百年风云歌盛世　一管狼毫写春风

——在2019届学生毕业典礼上的讲话

尊敬的各位老师，尊敬的各位家长，亲爱的同学们：

大家下午好！三年的高中生活如白驹过隙，转瞬就成为我们回首遥望的过去。首先祝贺同学们，通过不断的努力、克服困难，顺利完成了三年的学业。请同学们感谢父母的无微不至，感谢老师的无私辛劳，也请感谢自己的无问西东、铸造芳华。

同学们，今天是你们以一个高中生的身份参加学校的最后一次集会。

今天，是结束，也是开始；两个小时之后，二高将是同学们的母校，你们也将成为二高的校友！

今年是五四运动一百周年的特殊年份，你们是百年风云之后的新一代五四青年，你们这一届学生要牢记青年使命，理应接过五四精神的大旗，理应有五四青年的人生梦想，理应有五四青年的责任担当，理应有五四青年的家国情怀。这些理应是二高校友的座右铭。今天我想对大家说三个希望：

佳人度金针，绣三秋明月，弘扬五四梦想精神飞播生命芳华。

同学们，你们作为高中毕业生应该是一个有着人生梦想的人。梦想是对未来的一种期望，更是一种鼓舞人奋进的强大精神力量。弘扬梦想精神，就是要以梦想为动力和精神牵引，敢于追梦、勤于圆梦，做新时代的奋进者、搏击者，为实现中华民族伟大复兴努力拼搏、不懈奋斗。

今天你们高中毕业，我们每个人都应该把自己的人生梦想与家国的梦想相结合，历史上凡有大成就的杰出人才，都是把自己的梦想建立在国家梦想的支点上，最终成为一个有益于社会、有利于人类的"大写"的人。

现在最热门的话题莫过于美国围堵华为事件，我们在记住了任正非这个深谋远虑的战略家与企业家的同时，更不能忘记能够把人类带入5G时代的"光纤之父"高琨等一批社会精英。这些杰出的人物都是把自己的人生梦想建立在国家，甚至是全人类的发展基础之上的，他们心无旁骛、精诚所至，一心为了人类的事业，才成为万人敬仰的民族骄傲与杰出人才。

亲爱的同学们，你们生逢盛世，国运荣昌，中国人民比历史上任何时期都更接近、更有信心和能力实现伟大强国的梦想，当你们第一次独立设计人生蓝图时，我们理应把宏大的梦想建立在国家与全人类命运共同体这个支点上，这样才能成为一个有益于社会、有着人生梦想的有为青年。

才子舞彩笔，写万世文章，传承五四责任精神激发使命担当。

同学们，你们作为一个青年学子应该有着青年的责任与担当。小到一个家庭，大到一个社会、一个国家，所有人都应该有责任与担当。

做人的过程，如果忘记了自己的责任和担当，即使自己有一个美好的人生开局，但也不一定会有一个幸福完美的人生。如果做人失去了责任与担当，对家庭来说是一种灾难，对社会、对国家来说更是一种悲哀。今天的这个世界，需要更多有责任和有担当意识的人来创造更美好的未来。

亲爱的同学们，你们已经18岁了，18岁应该有自己的独立的人生信仰与独立的判断精神，我们做出的每一种选择，做过的每一件事情，都应该有责任与担当意识。我们生活在这个社会中，不仅仅为自己而生活，更应该明白自己要为家庭、为社会、为国家承担相应的责任，这样我们才不会冲动与莽撞，才会变得更加理性和理智；这样我们才会成为一个有责任与担当、有独立思考、有益于人类的社会青年。

兴百年伟业，铸民族脊梁，发扬五四奋斗精神抒写盛世华章。

同学们，今年的高考作文主题是热爱劳动，从我做起。是的，幸福都是劳动创造出来的，幸福都是奋斗出来的。青年学生应当以求知若渴的精神不懈劳动、不懈奋斗，为中国发展注入新鲜血液。在这个充满机遇与挑战的时代，我们青年一代的劳动、奋斗和创新精神显得尤为重要，我们应该胸怀祖国、艰苦奋斗、开拓创新、无私奉献，在祖国最需要的地方建功立业，不负人民期望。

我们心中应该有深厚的家国情怀，把家国作为人生的支点，把拼搏化为前行的力臂，用奋斗的姿态描绘令人叹咏的中国新画卷。这样我们才会成为学在二高、胸怀天下、有着家国情怀的社会青年。

骊歌唱响，终须一别。青春永驻，慨当以慷。

同学们，希望你们学会人生定位。一个人的人生高度不完全由大学入口的高度决定。《大学》里说道："知止而后有定，定而后能静，静而后能安，安而后能虑，虑而后能得。"所以我想，越是在人生关键的时候越要倾听自己内心最深处的声音，遵循本真方能继续前行。

6月下旬高考成绩揭晓，希望你们正确而理性地对待自己的成绩，决定人生高度的东西其实就是积极面对人生的态度与重新定位扬帆远行的智慧与勇气！

最后祝同学们在新的人生征程中奋力前行，万事顺意！

放出阳光万丈开

各位老师，亲爱的同学们：

大家早上好！又是一个新的开始，今天我们迎来了新同学，让我们祝贺他们通过努力成为"二高人"。看见同学们返校和新同学到来就如见到了阳光，心中充满温暖、喜悦与愉快。今天我讲话的题目是"放出阳光万丈开"。

"放出阳光万丈开"是宋代诗人汪应辰的诗句，它讲的是斩破阴云阳光万丈，一片光明。我们二高，把"阳光"作为办学理念的第一个关键词，二高也会在阳光的照耀下前程光芒万丈。

今天，我想就"阳光"一词与老师、同学们分享以下三个方面的内容：第一，追求阳光，让人生闪亮。第二，心怀阳光，享人生激荡。第三，播洒阳光，助人生飞扬。

一、追求阳光，让人生闪亮

诗人说，黑夜给了我黑色的眼睛，我却用它寻找光明。我想说，每一位中华儿女都拥有黑色的眼睛，让我们携手追求内心的光明。

当今时代，想要寻找阳光并不是一件困难的事情。当台风肆虐深圳的时候，驱车北行100公里便会阳光明媚惠风和畅。科技的进步为我们追求自然的阳光提供了便利。当然，对于在座的你我来说，这并不能成为人生追求的阳光。

在暑假期间，高一年级有相当多的新同学，在中考之后就立刻投入到丰富自己能力与知识的学习中，为新的学习征程厉兵秣马；高二年级有许多同学走出家门，或是回归故里"仰观天地""俯察品类"，为高远的人生理想布局谋篇；高三年级的所有同学，已经开足马力奔袭了30个日日夜夜，为实现人生的华丽蜕变抽丝剥茧。

在这期间，我们的每一位老师，都度过了一个充实的假期——孝敬老人、教导孩子、沟通亲朋、教育学生，还有一门必修课——那就是自我提升。

有追求的人，人生就会充满阳光；有追求的人，生命就会散发光芒。每一位有追求的二高人汇聚到一起，就是万马奔腾，群星闪亮。

每天在二高的校园里，我们都可以看到老师们三三两两围坐在办公桌前交谈。他们沐浴着二高的阳光，畅谈孩子、学生、理想。这已经是我们二高一道靓丽的风景。每当看到这种情景，或者置身其中，我都会不由自主地想起这样一段文字：

"暮春者，春服既成，冠者五六人，童子六七人，浴乎沂，风乎舞雩，咏而归。"

这是2500年前孔子理想中的教育生态，五六个志同道合的人一起，带领几位活泼可爱的学子，晒晒太阳、唱唱歌、交流思想、讨论问题，教育便在潜移默化中发生。

我们的老师在阳光中徜徉、交流，与孔子"浴乎沂，风乎舞雩"是何其相似！二高是一所有阳光的学校。二高的阳光，流淌在每个人的脸上，种植在每个人的心上，表现在每个人的行动之中。

在对阳光的追求中，有人为自己追求阳光，有人为他人追求阳光，有人为国家民族追求阳光。梁启超先生支持革命是因为革命对驱散黑暗直接有效，他倡导改良是因为要促进社会进步。当所有的努力都随风流逝的时候，他退守校园向年轻人布道，之所谓"少年智则国智，少年强则国强"。今天在实现民族复兴的征途上，每一个人都有机会让人生闪闪发光。在座的每一位同学，你的理想关乎着国家的未来，你的追求关乎着民族的希望。

二、心怀阳光，享人生激荡

近段时间，有一部校园剧叫作《少年派》。这部电视剧讲述的就是我们高中的学习生活。主人公林妙妙同学就是一个心中充溢着阳光的人。学习上的困难、人生中的弯路、家庭的变故，都因她充满阳光的内心，让她更坚强、充满能量，内心的阳光使她的高中生活变得丰满厚重、多姿多彩。

拥有阳光心态的人，开朗、爽朗、俊朗、英朗，蓬勃向上，英气逼人。这也就是我们二高的校训"阳光、进取、平实、包容"中的"阳光"。胸怀阳光的二高人，不畏困难，直面挫折，勇于胜利。

我们既要能够享受和煦的阳光，也要能够经受火辣的骄阳。

高一的新同学们，高中阶段的学习将与你们以往任何阶段的学习经历都有所不同。科目多，任务重，如何平衡与取舍将会成为"打包赠送"的必修课程。"成人成才"更是高中阶段最重要的课程。

高二的同学们，你们已经完成了自己的学习定位，在新的学习律动中如何稳定自己的坐标点将会考验你的韧性和耐性。你们是第一届参加新高考的学生，每一步都至关重要。培养综合素养是你们的必经之路。

高三的同学们，高三的学习是集团化的作战，更是运动中的作战，内心要有更多阳光的储备。"诸葛一生唯谨慎，吕端大事不糊涂"，是以这两句话指导学习，还是以学习印证这两句话，值得每一位同学思量。

三、播洒阳光，助人生飞扬

我们每一位教职员工就是"播洒阳光的人"，他们默默无闻、一心一意地付出，目标只有一个——让每一位学生变得更加优秀。我们的老师以真实的业绩赢得了社会的尊重，因此我们学校被称为"优质高中的样板学校"；我们的老师以自己扎实的教风赢得了学生的敬重；我们的老师以朴实的作风赢得了家长的青睐。学校会努力为每一位教职员工提供更多的机会，让每一位"播洒阳光的人"也都笼罩在阳光的照耀之中。

我们的每一位同学，也都应该像老师一样成为"播洒阳光的人"，在班级的建设、学风的营造、学校精神的传播上有所作为。小到一个小组的学科学习、一个宿舍的人际关系或是一个活动，大到国家的发展、民族的复兴，每一处都需要以阳光的心态做"播洒阳光的人"。同学们的学习会遇到许多困难，老师们的工作也会遇到许多困难，学校的建设与发展同样会遇到许多困难，让我们携起手来，以阳光的心态播洒阳光，让二高的校园阳光明媚、鸟语花香。

"阳光染就欲烧空。谁能窥化工？"宋代诗人张抡询问，被阳光印染的颜色如此鲜红，好像要使天空燃烧起来，这种造化的精妙谁能明了？我相信，在明媚的阳光里，二高师生能够窥探造化之工，在教育领域绽放更加温暖的阳光！

谢谢大家！

2019年9月2日

芳华未央　梦想启航

——高玉库校长在2020届高三毕业典礼上的讲话

亲爱的2020届高三的同学们：

大家上午好！

毕业典礼和高考一样，姗姗来迟了一个月。祝福与收获会迟来，却从来不会缺席。回首二高三年风雨岁月，拼搏的艰苦和收获的喜悦，充实了你们的青春年华。成长不易，未来可期。首先祝贺同学们，你们不懈努力，顽强拼搏，克服了疫情和高考延期的种种困难，胜利完成了高考，顺利完成了高中三年的学业。请同学们用最热烈的掌声感谢三年来日夜陪伴你们、无怨无悔培育你们的老师与父母，感谢三年来从不放弃、勇攀高峰的自己！

往昔峥嵘，如歌如诉；芳华未央，梦想启航！今天过后，你们将离开二高，走向新的追梦历程，登上新的人生舞台。世界风云变幻，机遇都将留给正值芳华的你们。此刻，我想以一个老师的身份，给即将远行的你们，捎上几句叮咛与嘱托。

首先，希望你们做一个诚意满满、心怀家国的人。《礼记·大学》中说："欲正其心者，先诚其意。"这里的"诚意"就是意念精诚。对国家，有一份忠诚；对学业，有一份热诚；对亲友，有一份赤诚；对自己，有一份真诚。

古人云："精诚所至，金石为开。"诚意是你们开启未来的一把金钥匙。我想重点强调对国家的忠诚，也就是心怀家国。相信同学们通过这次疫情，充分感受到了强大的祖国对每一个国民的重要性，更感受到了每一个普通国民甚至是海外侨胞的爱国热情。中华民族自古就推崇家国情怀，从"修身齐家治国平天下"的人文理想，到"忧乐情怀"的大任担当；从"家祭无忘告乃翁"的忠诚执着，到"苟利国家生死以"的雄健豪劲，五千年来中华儿女前赴后继，精忠报国，使得中华文明绵延至今。

高考本质上是为国选才，今天同学们在祖国的怀抱中茁壮成长；明天，大家将成为国家的栋梁和社会主义事业的接班人！还有些同学将出国深造，当你走出国门，你的一言一行就是中国气派，你的一举一动就是中国品格，你将不仅是你自己，你更代表中国。相信你不会做有损中国形象的事情，也希望你在面对有损中国形象的事情时，能够挺身而出，中气十足地予以制止。

其次，希望你们做一个保持初心、脚踏实地的人。白居易有言：不忘初心，必果本愿。说的是时时不忘记最初的本心，在人生的征程中执着前行，最终一定能实现其本来的愿望。

保有初心很重要，在实现初心的过程中脚踏实地更重要。要做到脚踏实地，就要敢于下笨功夫。胡适晚年曾说："凡是有大成功的人，都是有绝顶聪明而肯做笨功夫的人。"曾国藩也说："天下之至拙，能胜天下之至巧。"人生需要下笨拙的功夫，文以拙进，道以拙成，才以拙长，事以拙兴，抱朴守拙，低调进取，臻于成功。

最近热播的网剧《隐秘的角落》捧红了一个演员——张颂文。就是这样一位买不起家乡韶关一套房的演员，二十年如一日，勤于下笨功夫，脚踏实地地磨炼演技，终于守得云开见月明。同学们，请相信功不唐捐，你们付出的每一滴汗水，奋发的每一个清晨，都会在未来的某个时间绽放。同学们即将开始大学生活，希望大家把自己的梦想作为初心来坚持，脚踏实地，肯下笨功夫，珍惜全面提升自我的宝贵大学时光。

最后，希望你们做一个胸有大局、志向远大的人。有大格局的人，能胸怀天下、心系百姓，敢于勇立潮头，担当大任；有大格局的人，能耐得住寂寞，即使"万箭穿心"，也能"忍辱负重"，气定神闲。有大格局的青年在瞬息万变的时代，在众多的机遇与诱惑面前，必能多一份勇气，多一份定力，人生定会行到更高境界，走到更远的未来。

胸有大局的人，会树立远大的志向。同学们的远大志向应当和恢宏的时代相连，和中华民族伟大复兴相连。中华民族正值伟大复兴的关键时刻，正遇到以美国为首的西方发达国家设置的种种障碍，突破封堵、实现复兴有赖于年青一代的奋发图强！伟大的使命在前方召唤着大家，唯有以青春之我、奋斗之我，为民族复兴铺路架桥，为祖国建设添砖加瓦，才能不负青春、不负韶华！新时代是奋进者的时代，也是年青一代奋力搏击、担当作为的时代。希望同学们树立助推中华民族伟大复兴的远大志向，将中华民族伟大复兴和自己的梦想相结合，将自己这块有着独特价值的拼图单片，融入中华民族伟大复兴的宏大图景中！

再过一个多月，你们会接受命运的重新挑选。诗人顾城曾经说过："人可以像蚂蚁一样地生活，但是可以像神一样美丽——生如蚁而美如神。"就像我们不可避免地要走向衰老，我们中的一些同学也许不得不接受这样的现实，我们或许会去一个普通的学校，我们终将活成一个平凡人。不管你去什么样的大学，不管你未来是否出人头地，只要你真实生活，扎实学习，朴实为人，以实当先，你在母校的心中永远如美玉一般熠熠生辉。

同学们，今年的凤凰花又开得如火般绚烂，正如你们怒放的青春。二高于你们是一段难忘的青春岁月，你们于二高是一份美丽的邂逅。虽然你们离开母校，但是美好的点点滴滴就在这里。无论你未来会去向何方，二高会做你永远温暖的大后方，欢迎大家常回家看看！

请记住：远方有你，青春飞扬，芳华未央，梦想启航；这里有二高，阳光进取，平实包容，默默守望！

最后，我谨代表全校师生祝大家：

前程如锦似玉，未来行高致远！

谢谢大家！

2020年7月13日

殷勤进取功无缺

各位老师，各位同学：

大家早晨好！

今天，我们又迎来了一个全新的学年。

今天，老师们精神焕发，同学们精神抖擞。我相信，这个学年每位老师都能诲人不倦，每位同学都会奋勇争先。这个学年又是我们二高创造新纪录、书写新传奇的一个学年。

同学们，老师们，在刚刚过去的高考中，我校重本率突破了70%大关，达到了73%。这是全体二高人拼搏进取的结果。从2017年我们的重本率突破50%，到2018年突破60%，到今年的73%，二高一路走来，每上一个台阶，都包含着所有二高人无尽的心血和汗水。

林晔峰同学被北京大学法学院录取，又一人圆了北大梦。章子钒同学中考410分，高考686分，全省第240名。尹柯、李嘉贤、莫云杰进入全省前1000名。中考他们都没有进入全市前8000名，更不用说全省前10000名，可能是几万名。从他们身上可以看到，没有什么是不可能实现的。只要我们努力，只要我们进取。

新的学期，让我们团结一心，共同努力。

　　首先预祝新一届高三高优分有新的突破。让我们以热烈的掌声给高三加油，祝高三的同学马到成功！

　　我们新一届的高三，在8月份的学习中，上课，是精力旺盛的；自习，是鸦雀无声的；笔记，是条分缕析的；作业，是保质保量的。这种状态保持10个月，我相信你们一定是所向无敌的！

　　高一的同学刚刚经过中招考试，有的同学超水平发挥，有的同学留下了些许遗憾。但是，我们既不能躺在过去的成绩上止步不前，也不可沉溺于失落的心态里不能自拔。无论如何，新的征程已经开始。从今天开始，你已经成为二高大家庭中的一员。让我们以热烈的掌声欢迎和祝贺高一同学！

　　亲爱的高一同学，二高将是你实现蜕变的舞台，二高会为你们插上全新的翅膀，帮助每一位同学翱翔于高中三年学习和生活的天空。

　　高二的同学已经完成了分科，新的班级管理模式和学科学习方式需要重新适应。无论选择了哪种组合，都需要为自己重新定位，明确方向，积极进取，一往无前。在高中的三年里，高二是一个转折。有人蓦然回首满怀失落，有人华丽转身光彩夺目。你们既是高一同学的榜样，也是二高未来的希望。让我们默默在心中感谢自己的努力，感谢他人的帮助，感谢自己的责任与担当，更感谢老师与同学们每个人的进取。

　　我们的校训是阳光、进取、平实、包容。上学年我讲了阳光。

"殷勤进取功无缺。"这是元朝诗人王吉昌的诗句。进取的道路上布满了艰辛，但是只要我们努力就一定会有收获，甚至是意想不到的收获。我们需要明确的是，进取的步伐必须迈向高远的目标。

身为泗水亭长的刘邦去咸阳出差，见到秦始皇出行，不无感慨地说："大丈夫当如是耳！"而项羽在见到秦始皇的时候却脱口而出："彼可取而代也！"于是，历史便上演了刘邦和项羽争夺天下的楚汉战争。目标，永远是牵引进取步伐的原动力。高远的目标让我们的步伐更加坚定有力。"为中华之崛起而读书"永远激荡着每一位青年学子的胸怀。在实现民族复兴的今天，我们更加需要志向远大，高瞻远瞩。

"殷勤进取功无缺。抽添加减应时节。"进取，需要苦干，但不需要蛮干，它要求我们讲究方法和策略。无论是齐桓公的"尊王攘夷"，还是曹操的"挟天子以令诸侯"，这些都是他们进取道路上的基本策略。基本策略保证方向的正确，否则便会南辕北辙、徒劳无功。当然，基本策略并不解决具体问题。要解决具体问题，还需要方法的正确。刘备、关羽和张飞，桃园结义之后确定了"匡扶汉室"的基本策略，但是他们征战多年却毫无功业，那就是操作方法存在问题的结果。我们的学习也是如此。

中考、高考之后，我们看到了大量的学霸谈学习方法。在众多方法中，我想提醒同学们的是"做笔记"这件事情。在听课的过程中实时生成笔记，做得规范而有条理。这是每一位同学提升自我、超越自我最为简便的方法。

进取的道路上，你不是一个人在战斗。刘备、关羽和张飞，是生活中的兄弟，是战场上的战友。而诸葛亮是他们功业得以腾飞的关键。"一个好汉三个帮"，同学们，在学习的道路上，你也需要一个团队。"交友赤松子，弟兄孤竹君。"选择志同道合的同伴，打造一个攻无不克的团队，去攻取学业和生活上的一个个难关。除此之外，可以帮助大家腾飞的就是坐在你们身边的老师。对于我们的老师，不必说他们广博的专业知识，也不必说他们精湛的教学技巧，更不必说他们任劳任怨、不求回报的精神，单是他们三更灯火五更鸡地备课和批改作业，以及耐心细致地引导，就足以帮助同学们超越自我，实现飞跃。他们为人师表，为我们在思想上、学业上、生活上呕心沥血。

　　在此，我真切地邀请每一位同学用你真诚的掌声，向老师们表达自己的敬意和感谢。

　　进取，是每一位二高人不可或缺的标签。我们有昂扬进取的同学，有拼搏进取的老师，有积极进取的管理团队，有奋勇进取的教辅以及后勤人员。在进取的感召下，二高持续发展，蓬勃向上。从初建到今天，二高站稳了脚跟，实现了超越。

　　唯有进取，无难不破；唯有进取，无坚不摧。"久矣此心冥进取，翩然何日赋归来。"进取，是一条没有终点的路；进取，是一座连接未来的桥；进取，是一种挑战者的姿态；进取，是一种胜利者的胸怀。老师们，同学们，让我们一起保持进取之心，用实际行动铺平进取之路，书写我们每个人与二高崭新的篇章。

　　谢谢大家！

2020年9月1日